中公新書 2605

藤野裕子著

民衆暴力

——一揆・暴動・虐殺の日本近代

中央公論新社刊

はしがき

日本史の教科書を開くと、「一揆」「焼き打ち事件」「米騒動」「虐殺」など、人びとが暴力をふるった出来事が数多い。二〇世紀に入ってもなお、日本では民衆の物理的な暴力行使（民衆暴力）がたびたび起き、政治・社会は揺れ動いていた。

本書は「民衆」の語を、国家・公権力に対して、「国家を構成する人びと」の意味で広義に用いる。国家による対外戦争に動員されたばかりでなく、民衆自身が主体的に暴力をふるっていた歴史は、現代の日本社会とは結びつかないようにも思える。しかし、本当に無関係なのだろうか。本書では、現在では起こりそうにもない出来事、目を背けたくなる事件を正面から取り上げ、その歴史的な意味を考えてみたい。

近代国家が樹立されるプロセスで、政府の近代化政策に反対して地租改正反対一揆や血税一揆が起きた。立憲政治を求めて始まった自由民権運動のさなかに困民党が蜂起した秩父事件（一八八四年）や、日露戦争の講和条約に反対する政治集会をきっかけに暴動が起きた日比谷焼き打ち事件（一九〇五年）、シベリア出兵にともなう米価騰貴をきっかけに全国規模で広がった米騒動（一九一八年）。

対外的な関係に目を向けると、日清・日露戦争を経て、日本は東アジアに領土を広げた。植民地として日本の版図に組み入れられた朝鮮から、多くの人が日本内地に渡ってきた。関東大震災時（一九二三年）、官憲・軍隊とともに、日本民衆が朝鮮人を虐殺する事件が起きた。植民地支配にともなうこの虐殺も、忘却されがちな歴史事象といえる。

これらの出来事が自らと結びつかないように感じるのは、現代の常識である「暴力はいけない」という倫理観が先立つあまり、過去の人びとがふるった暴力を直視し、理解しようとする気持ちが持てなくなっているからかもしれない。

かつて酒井隆史は『暴力の哲学』のなかで、「暴力はいけない」という道徳的な感覚がはらむ危うさを次のように指摘した。「暴力はいけない」という感覚が、暴力をふるった人への厳罰を要求したり、暴力を抑止するという目的での対外戦争を容認したりするなど、別の暴力（国家による暴力）に対する無感覚を生み出している、と。

確かにデモとテロを混同する傾向は、年々強まっている。テロという暴力を嫌悪し、おびえる感情は、デモを封じ込めたいと願う為政者に利用されやすい。デモをテロと呼ぶだけで、デモの正当性を容易に剝奪し、弾圧を正当化できてしまうからだ。暴力に対する道徳的な忌避感を持てば持つほど、私たち自身の行動が過度にせばめられてしまいかねない。

今必要なのは、「暴力はいけない」という感覚をいったん脇において、過去に民衆がふるった暴力がいかなるもので、どのように起こってきたのかを直視し、暴力に対する見方・考え方を鍛えることであろう。そのことで、現代の感覚をもう一度見つめ直す機会が得られるはずだ。

ただし、民衆の暴力行使は、国家対民衆の権力関係だけで捉えきれるものではない。実際に起きた歴史事象は、それほど簡単ではない。徴兵制に反対した血税一揆と呼ばれる事象のさなかに、被差別部落が襲撃されている。関東大震災時の朝鮮人虐殺は、国家権力が主導したにしても、民衆が手を下している。民衆を一枚岩に捉えることも、民衆の暴力が必ず権力だけに向かうと想定することも、こうした被差別者に向けた民衆暴力から目を背けることにつながる。

かたや、「○○はなかった」「○○は正当防衛だった」と主張して、都合の悪い過去を覆い隠そうとする歴史修正主義は、年々露骨になっている。この動きに流されないためにも、権力に向けた暴力と被差別者に対する暴力の両方を直視し、それらを同時に理解していく力が求められている。

人びとを暴力行使に駆り立てていたのは、いったい何なのだろうか。当時の日本は貧しかったから、あるいは教育程度が低かったからだと考える人もいるだろう。たしかに民衆暴力には経済的な要因がからんでいるのは間違いないが、それだけでは説明のつかないことも多い。当時の人びとが暴力をふるうには、相応の「論理」があったはずである。

ここでいう論理とは、ある行為を妥当だと見なす（必ずしも言語化されていない）思考の筋道のことである。論理には、個人の内面的な衝動だけではなく、そうした衝動がつくり出される時代背景や、その社会ならではの慣習・文化も含まれる。したがって、民衆暴力を掘り下げることは、今とは異なる価値観と秩序を持っていた社会や、人びとの意識や行動の様式を理解することにつながるのである。

民衆が暴力をふるえたかどうかという点は、国家や社会の成り立ち方と密接に結びついていたはずである。近代国家は暴力の正当性を集中的に掌握し、それ以外の主体がふるった暴力を違法と見なす。それにもかかわらず、民衆が暴力をふるったとすれば、法や規範を突き抜けたことになる。どのようにしてそうした状態がつくり出されたのだろうか。この点を問いながら、本書は「民衆暴力」の時代的な変遷をたどっていきたい。

ひとたび民衆の暴力行使が始まると、日常ではなし得なかった行動が呼び起こされもする。

暴力をふるうプロセスで、民衆にとって「可能な幅」が広がっていくのである。権力への対抗として現れた暴力が、途中から被差別者に向けられたり、反対に被差別者への暴力のなかに権力への対抗の要素が含まれたりもする。

本書を通読すると、権力に対する民衆の暴力と、被差別者に向けた民衆の暴力とが、それほど簡単に切り分けられないことがわかるだろう。誰が／誰に向けてふるったかによって、暴力の意味合いが異なってくるのはもちろんだが、両者を「民衆暴力」として同時に扱うことで、従来とは異なる領域に思考をめぐらせることができるはずだ。

こうした意図から、本書は日本近代史で起きた四つの事件を取り上げる。いずれも民衆暴力と国家の暴力との関係や、権力への暴力と被差別者への暴力との関係が明瞭に現れた事件である。これら四つの事件だけで近代日本を網羅的に語り尽くすことはできないのはもちろんだが、いずれの事件もそれぞれの時代の特徴を色濃く反映しており、近代化・民主化・対外戦争・植民地支配といった近代日本を理解するうえで欠かせない要素を含んでいる。そうした象徴的な事件を時代順に追うことで、民衆暴力の変遷が見えてくるはずである。

第1章・第2章では、明治初年に起きた新政反対一揆と、自由民権運動期に起きた秩父事件を取り上げる。この二つの事件を題材に、近代国家の樹立にともなって、どのような民衆暴力が起こり、それがどのように変化したのかを確認する。

第3章から第5章は、明治後期から大正期にかけて起きた民衆暴力を扱う。一つは、日露戦争の終結に際して巻き起こった日比谷焼き打ち事件であり、もう一つは、関東大震災時の朝鮮人虐殺である。

前者については、対外戦争の経験や近代都市での生活をとおして、それまでとは異なる都市暴動という独特の民衆暴力の形態が生まれたことを確認したい。後者に関しては、植民地支配と関わってどのような民衆暴力が生まれたのか、また軍隊や警察といった国家の暴力装置が民衆暴力を正当化した際にどのような事態が起きたのかを明らかにしたい。

本書が取り上げる四つの事件については、いずれも民衆運動史や被差別部落史・在日朝鮮人史の観点から多くの研究が積み重ねられてきた。本書の目的の一つは、歴史研究がそれぞれの事件を多様な角度から議論してきた道筋をたどり、民衆暴力を見る視点や考え方を研ぎ澄ませていくことである。個々の事実関係はこれまでの研究と重なるところも多いが、民衆暴力という観点だからこそ可能になった本書の叙述によって、現在の日本社会を見直す手がかりが得られれば幸いである。

まずは序章で、明治以降の民衆暴力を理解するための前提として、近世の百姓一揆とその変遷を概観しておきたい。

目次

第4章 関東大震災時の朝鮮人虐殺

地図作成：地図屋もりそん

民衆暴力——一揆・暴動・虐殺の日本近代

凡　例

※引用史料などには差別的な表現が含まれているが、時代背景と歴史的な事実を伝えることを重視して、原文の表現のまま用いた。

※史料の引用に際しては、読みやすさを重視して、適宜、旧字体を新字体に、歴史的仮名づかいを現代仮名づかいに、カタカナ・漢字をひらがなに改め、句読点を付すなどした。難読の史料については、現代語に直した箇所がある。

序章　近世日本の民衆暴力

1　百姓一揆の作法と仁政イデオロギー

江戸時代の民衆暴力

この章では、近代国家が成立する以前、江戸時代における民衆暴力を取り上げる。マックス・ウェーバーは、近代国家を「ある一定の領域〔中略〕のなかで、レジティマシーを有する物理的な暴力行使の独占を要求する（そして、それを実行する）人間の共同体」と定義している（『仕事としての学問　仕事としての政治』、傍点は原文ママ）。

ここでいうレジティマシーとは、伝統・法などに基づく正当性（正統性）といった意味である。軍隊・警察に代表されるように、国家によって暴力装置（暴力を発動する機関）が組織化・制度化され、そのほかの主体が行使する暴力は国家が承認しない限り、正当性がないと見なされる。

もちろん国家の暴力装置は法に拘束されている。また、軍隊や警察が災害時などに救助に回るように、暴力装置が常に暴力だけを行使しているわけではない。しかし、いかに活動に多様性があるにせよ、軍隊・警察などによる暴力が唯一正当化された暴力である点に変わりはない。

暴力の正当性を独占するのが近代国家の特徴であるなら、日本で近代国家が樹立される以前はどうだったのだろうか。これがこの章の問いの一つである。

近代以前の状態を想像する時、今より「未熟」「野蛮」なように思いがちである。しかし江戸時代にも、決して無秩序に暴力が蔓延していたわけではない。今とは異なるが、その時代特有の政治・社会秩序によって、暴力の正当性／不当性が位置づけられていた。

そのことを確認するために、以下では百姓一揆をめぐる近世の慣習とその変遷を見ていくことにする。民衆運動と呼ばれてきた事象を暴力の観点から再考する研究は、日本近世史の分野で積み重ねられており、本書もそれらに多く学んでいる。本書の出発点として、それらの成果を参照したい。

刀狩り・「喧嘩停止令」

結論からいえば、近世でも暴力の集権化は行われており、幕府・藩の武士身分が暴力の正当性を独占していた。そのことを、豊臣秀吉の刀狩り・「喧嘩停止令《ちょうじれい》」に焦点を当てて見ていきたい。

刀狩りと聞くと、百姓を丸腰にしたイメージを持つが、文字どおりの武装解除ではなかった。そもそも中世では農村部でも男性は成人とともに刀を所有した。刀以外にも、弓や鎗《やり》、鉄砲などを、鳥獣の駆除や、村の治安維持、縄張り争いなどの際に用いていた（藤木久志『刀狩り』）。

刀狩りは名目上、武器の没収を表明したものの、実際には、村々に多くの刀や鉄砲が残された。なぜなら刀狩りの重点は、すべての武器を百姓から没収することよりも、兵農分離のために、百姓の帯刀権や村の武装権を規制し、それらを武士の特権とすることに置かれていたからである。したがって、村で日常的に使用する小さな刀や、鉄砲・鎗などがすべて没収されることはなかった。

刀狩りと並行して、秀吉は村々の武力抗争を規制した。用水の使用などをめぐって村々の争いが起きたが、その際、弓や鎗を持ち出して、馬に乗るような、まさに合戦が繰り広げられた。秀吉の時代には、こうした村の武力紛争を違法とし、代表者を処刑する判例が多く出された。一連の判例は一般に「喧嘩停止令」と呼ばれる。刀狩りと「喧嘩停止令」によって、村々には多くの武器が残ったものの、それらを紛争に使用することは禁じられたのである。

江戸時代には、この「喧嘩停止令」が法として継承され、百姓身分の武力紛争は禁じられた。しかし、秀吉の時代と同様に、武器となる物を所持するだけではお咎めは受けなかった。一七世紀末には、村々が農具として所持する鉄砲は、尾張藩で約一六〇〇挺、松本藩で約五〇〇挺、紀州藩で約三〇〇〇挺など、驚くべき数にのぼる（塚本学『生類をめぐる政治』）。これらは田畑を荒らす鳥獣の駆除などに使われていた。これらを武器として争いに用いることは固く禁じられたが、所持は当然のことと見なされていたという。

ただし、身分を象徴する刀については、一定の規制が加えられた。脇差しのような小さな刀は問題ないが、長い柄を持つものや鞘が派手なものを、町人・百姓が所持することは規制された。外見上、武士との身分差があいまいになるためである。規制はあくまで、百姓に武器を持たせないためではなく、外見的に身分を明確にするためであった（藤木『刀狩り』）。

このようにして、軍役を負う武士と年貢・夫役《ぶやく》を負う百姓の身分が固定化された。実際には脇差し・鎗・鉄砲など武器となるものを持っていても、人に向けては使ってはならない。これが百姓身分であった。領主に対して異議申し立てをする百姓一揆は、兵農分離によって、百姓の暴力を制御するこのシステムに規定されていた。

百姓一揆の種類

百姓一揆というと、竹槍や蓆旗《むしろばた》を持った農民が領主や村役人といった政治・社会の権力者と対決したようなイメージがある。しかし、江戸時代の百姓一揆には一定の作法があり、竹槍などの武器を持ち出すことはほとんどなかった。つまり、百姓一揆は暴力的ではなかったのである。

まずは、合法的な領主権力への申し立てである訴願について確認しておきたい。訴願とは、年貢・役《やく》の軽減などを村役人が領主に文書で願い訴えることである。これは合法的な行為と見なされ、罰せられることはなかった。だが訴願の内容が認められなかった場合、百姓は非合法の行為に出て、訴願の実行を領主に求めることがあった。それが百姓一揆である。

何を百姓一揆と見なすかは諸説あるが、近世史研究者の保坂智《さとる》は、徒党・強訴《ごうそ》・逃散《ちようさん》の三種類で説明している（『百姓一揆と義民の研究』）。徒党は一揆集団の結成を指す。具体的には、目的や禁止事項などを記した起請文《きしょうもん》・一揆契状《けいじょう》を作り、神水を回し飲むことで集団が結成された。強訴は百姓が集団となって城下などに押しかけて訴願内容の実行を求めることをいう。逃散はまさに字の如く、年貢・夫役といった百姓の務めを放棄して逃げてしまうことである。

徒党・強訴・逃散はいずれも非合法とされる行為であり、主だった者は裁かれた。このほか、合法的な訴願と非合法の徒党・強訴・逃散との間に位置する行為として、越訴《おっそ》があった。本来訴えるべき役人（役所）を飛び越して、より上級の役人（役所）に訴願することである。

百姓一揆の作法

このように、百姓一揆とは権力者と対抗するためにやみくもに暴力をふるうものではなく、訴願の要求内容を聞き入れられるように行うものであった。そこには一定の作法と呼ぶべき慣習があった。

一揆集団が結成される際に作成された連判状《れんばんじょう》（一揆契状）には、一揆の目的、経費の調達に関する条目のほか、規律を維持するために、飲酒の禁止、放火・盗みの禁止、蓑笠《みのかさ》の着用などの行動統制に関わる条目が含まれていた。一揆にふみきった際の百姓の出で立ちや行動は、掟で定められていたのである（保坂智『百姓一揆とその作法』）。百姓一揆で、特にタブーとされた行為の一つは放火だった。実際に、一七〜一八世紀に起きた百姓一揆の記録を見ると、放火が行われたのは二件のみであったという（須田努『「悪党」の一九世紀』）。

一揆について領内の各地に知らせる際には、一揆の目的や集合する日時、参加しない場合の制裁方法などを記した廻状が作られた。都市における打ちこわしの場合、張札が用いられることが多かった。動員の対象となるのは原則として男性であり、女性が加わることは少なかった。米騒動や女性の労働に関わる問題で強訴する場合には、女性が加わったが、打ちこわしなどの暴力行使が始まると、後景に退いたという（保坂『百姓一揆と義民の研究』）。

強訴の開始は、かがり火を焚いたり、法螺貝《ほら》を吹いたり、半鐘《はんしょう》を鳴らしたりして、合図した。視覚・聴覚をとおして、日常とは異なる行動が始まったことを知らせたのである。強訴の際に一揆勢が持ち出したのは、鎌や鍬《くわ》・鋤《すき》などの農具であり、鉄砲や刀剣などの武器ではなかった。加えて、農作業と同じ蓑笠を着用するのが一般的だった。

なぜ百姓一揆では武器を持ち出さなかったのだろうか。先述のとおり、農村でも刀や鉄砲を所有している家は多かった。実際に、強訴の際に鉄砲が持ち出されることもあった。しかし武器として使用されたわけではなく、合図をするための鳴り物として用いられた。

つまり、百姓は武器となり得る物を所有していながら、意図的に用いなかったのである。領主権力に武力で対抗する気はなかったことになる。幕府や藩も、一揆をいきなり弾圧することはなく、役人が訴状を受け取って、説諭し解散させるケースが多かった。

仁政イデオロギー

なぜ百姓は暴力を用いなかったのだろうか。このことを日本近世史の研究者は「仁政《じんせい》イデオロギー」という用語で説明してきた。

仁政イデオロギーとは、領主には百姓の生業維持（「百姓成立《なりたち》」という）を保障する責務があり、そうした「仁政」（情け深い政治）を施す領主に対して、百姓は年貢をきちんと納めるべきであるという認識を指す。この認識を領主権力と百姓とが共有しており、江戸時代の政治文化の根幹をなしていたとされる（深谷克己《ふかやかつみ》『百姓成立』など）。

仁政イデオロギーは、仁君であることを名目に幕藩領主の支配を正当化（正統化）するイデオロギーであった。しかし反面では、百姓側がそれを逆手にとって、領主側に仁政を訴え出る正当性にもなった。自らの生活が成り立たないほど年貢が過重であった場合、百姓は訴願を行い、領主に訴え出て、年貢の軽減や施米などのお救いを要求したのである。

このことをふまえると、先ほど述べた一揆の作法の意味が明確になるだろう。一揆の際に、農作業で着る蓑笠をまとい、鍬・鋤などの農具を持ったのは、それらが百姓身分を象徴するアイテムだったからである。刀や鉄砲で武装しないことが、自らが武士身分ではなく、百姓であるというアピールになり、領主に仁政を求める正当性を示す手段になったのである。暴力をふるわないことこそが、領主からのお救いを引き出すためには必要だった。

一方の領主側にとって、百姓一揆を即座に暴力的に鎮圧することは、仁君としてふさわしい行動ではなかった。百姓一揆の作法は、身分制を基盤とする近世の支配関係と、それを支える仁政イデオロギーに基づいて形成されていたのである。

嶋原陣図御屏風（戦闘図）．朝倉市秋月博物館蔵

近世初期の一揆

そうだとすると、江戸時代の支配体制がまだ十分に整っていなかった時期には、一揆はどのようなものだったのか。実際、先に述べた百姓一揆の作法とは大きくかけ離れていた。

江戸時代の初期に起きた島原天草《しまばらあまくさ》一揆（一六三七年〔寛永一四〕）では、武士も百姓も苛烈な暴力をふるいあった。この一揆では、キリシタンの弾圧や厳しい年貢の取り立てに対して肥前国島原と天草の百姓が蜂起し、島原の原《はら》城に籠城して幕府や諸藩の兵士と交戦した。甲冑《かっちゅう》に身を包んだ武士が、鉄砲で百姓を狙い、百姓は槍や刀でもって武士を迎え撃つ。図の手前には多くの屍体が折り重なっている。

日本近世史研究者の大橋幸泰《ゆきひろ》は、島原天草一揆が暴力的であった理由として、宗教を背景に起きたことを一因に挙げる一方、江戸幕府の支配体制が始まったばかりの時期であったことにも着目している（『検証 島原天草一揆』）。

一七世紀前半は、いまだ百姓一揆の作法が未成立な時期であった。島原天草一揆の経験を経て、領主層は激しい騒乱を起こさせないことが仁君としての名目を保つうえで重要だと認識するようになり、百姓側も暴力をふるわないことが仁政の回復を求めるために必要だと認識するようになったのだという。先に見た百姓一揆の作法は、近世の初期段階に起きた大規模な暴力行使を経験したのち、一七世紀後半以降に定式化したのである。

2 世直し一揆

再暴力化する一揆

以上のように、百姓一揆の作法は、江戸時代の支配体制と密接に関わっていた。それゆえ、時代が下り、幕藩体制が崩れると、百姓一揆の作法もまた揺らいでいった。研究では、その画期として二つの時期が指摘されている。

百姓一揆の作法を論じた保坂智は、一八世紀後半が一つの画期であったとする。この時期には商品経済の発達にともなって百姓一揆が広域的になった。また、打ちこわしや焼き打ちなど脅迫の文言を含む廻状によって動員がかけられるようになった。逃散が増え、強訴の際の得物として竹槍が持ち出されはじめたという（『百姓一揆と義民の研究』）。

竹槍で殺害が行われたケースは、江戸時代を通じて二例にとどまるものの、それまでに見られなかった武器が持ち出された点で、従来の作法とは異なる形態に変化したといえる。

一方、同じく近世史研究者の須田努は、一九世紀に画期を見出している（『「悪党」の一九世紀』）。須田は『編年百姓一揆史料集成』に記載された一揆史料のうち、武器を携行したケースや、放火したケースを拾い出した。島原天草一揆以降に起きた一四三〇件の一揆のうち、武器の携行は一五件、家屋への放火は一四件あったが、そのうち前者は一四件、後者は一二件が、一九世紀に起きていた。

約一四〇〇件のうち武器の携行や放火が十数件しか見られないこと自体、仁政イデオロギーに基づく支配体制の強靭さ、および一揆の作法の強固さをうかがわせる。それでも、放火や武器の携行が一九世紀に集中していることには大きな意味があるのだと須田はいう。

これらの研究を総合して俯瞰《ふかん》すれば、近世の初期に暴力的であった一揆は、仁政イデオロギーに基づく非暴力的なものへと定式化されたが、一八世紀後半あたりから百姓一揆が変質しはじめ、一八世紀末から一九世紀初頭以降、作法を逸脱する事例が現れた、といえそうである。

それでは、なぜ一九世紀に作法の逸脱が始まったのだろうか。その理由として須田は、一八世紀に商品経済が進展し、それにともなって貧富の格差が拡大するという事態に対して、幕藩領主が有効な政策を打ち出せなかったことを挙げている（『幕末の世直し　万人の戦争状態』）。

一七八一年（天明元）に田沼意次《たぬまおきつぐ》が幕府の実権を握り、重商主義の政策をとったことはよく知られる。独占的な商工業者の組合を株仲間として公認し、運上《うんじょう》・冥加《みょうが》といった間接税を課すことで、幕府の収入源を確保しようとしたのである。商品経済が活発化するなかで、商人に対する影響力を保ち、統制することには一定の合理性があった。

実際に、田沼の政策によって、物流が活発化し、特に江戸・大坂などの大都市に向けて商品作物が多く出荷されるようになった。大都市へとつながる街道沿いや河川沿いの農村は特産物や商品作物を出荷することで経済成長を遂げた。しかしその一方で、大都市の経済圏からはずれた村々は貧困化し、大都市へと人が流れてしまうなど、荒廃が進んだ。

さらに一七八二年（天明二）から、天明の飢饉が起きた。このときの幕府の対応は、江戸を集中的に救おうとするものであり、地方の農村への対応は十分ではなかった。幕府が大都市の貧民救済を中軸に据えた政策をとることは、それまでの百姓成立を基軸とする仁政のあり方とは異なるものであった。百姓を救済するはずの為政者が、その責務を果たさなかったことになる。

商品経済の発達とそれにともなう政治の主眼の変化。気候変動によって避けがたく起こった飢饉。これらによって、百姓一揆の作法の前提であった仁政イデオロギー自体が機能不全に陥った。こうして、百姓身分をアピールして仁政を求めるのとは異なる実力行使が、数少ないながらも起こりはじめたのである。

ただし、商品経済の発達が百姓の異議申し立てにもたらした変化は、暴力化だけではなかった点にも注意したい。先進地域である畿内では国訴が増加している（藪田貫『国訴と百姓一揆の研究』）。国訴とは、特権的な商人が流通・販売を独占している状況に対して、藩の領域を越えた広範囲な地域の百姓が起こした訴願行動のことである。時に千を超える村が結託して訴願した。強訴・打ちこわしなどの非合法な手段を用いず、訴願だけに徹した点に大きな特徴がある。

それとは対照的に、関東では百姓一揆の作法を大きく踏み外した非合法の行為が起こりはじめた。ここではその暴力化のほうに注目して、変化の様相を見てみたい。

画期としての甲州騒動

百姓一揆の作法の崩れた事例として言及されているのが、一八三六年(天保七)に現在の山梨県で起きた甲州《こうしゅう》騒動である。この年、天保の飢饉が全国的に深刻化していた。甲州騒動の舞台となった郡内《ぐんない》地域は山間部にあり、郡内の人びとは米を購入して暮らしていたため、飢饉にともなう米価の高騰に苦しんでいた。飢饉によって流通する米が少なくなっただけでなく、米穀商人が米を買い占め、江戸へ廻していたのである。

須田の記述にしたがって甲州騒動の様子をまとめると、次のようになる(『幕末の世直し万人の戦争状態』)。八月一七日夜から郡内地域の百姓は買い占めを行った米穀商人の家に押し寄せて打ちこわした。この打ちこわしは代官所によって鎮圧されたが、二一日には郡内の百姓五、六〇〇人が強訴を起こし、豪農・豪商に押し寄せて米を出させた。翌日、今度は国《くに》中《なか》地域に押し寄せ、米穀商に米を要求したが、拒否されたため、打ちこわしが起きた。

郡内地域から来た集団に加え、国中地域の人びともそこに参加したが、その後国中地域の人びとは打ちこわしそのものを目的として、米穀商や質屋を襲撃してまわった。金銀・脇差し・衣類などの窃盗も横行した。この日夜、鎮圧にあたった代官の手代らが一揆勢に向かって発砲したところ、さらに騒動が激化し、米屋・質屋の打ちこわしが続いた。翌二三日には一揆勢は一〇〇〇人以上となり、甲州城下に乱入し、豪商の家に放火するなどした。

甲州騒動は、当初は一揆の作法に則った強訴であったが、二二日に一揆の主導権が国中地域の人びとの手に移ってからは、盗みや放火といった、作法を逸脱した騒動に発展した。この騒動では、人びとは蓑笠を着用せず、襷《たすき》に帯を締め、刀や長脇差しを身につけていたという。もはや百姓身分をアピールして仁政を求めてはいなかったといえよう。

甲州騒動に関する多くの研究は、途中から騒動を牽引していたのが、「悪党」「無宿」と呼ばれた、博徒などの村から外れた人物であったと指摘している。性質の異なる一九世紀の一揆のかたちがここに見られる。

世直し一揆

幕末になると、作法を逸脱した百姓一揆が多くなる。一九世紀後半、幕府は開港を余儀なくされた。開港後の対外貿易によって、貧富の差がさらに拡大した。これから世の中がどのようなものになるのか、先行きの見えない、幕末特有の不安が広がった。

この際、貧農や小作人、日雇い層が中心となって、世直し一揆が起きたことはよく知られている。世直し一揆の要求は、村役人や豪農商の不正の糾弾、借金証文の廃棄、借金を返せずに失った質地《しちち》の取り戻しなどだった。領主に対する要求ではなく、村落内の上層や都市の豪商に向けた要求であった点に特徴がある。

世直し一揆での民衆の行動は、甲州騒動のような暴力に満ちあふれたものだった。再び須田の記述にしたがって、武州《ぶしゅう》世直し一揆の例を見てみよう（『幕末の世直し　万人の戦争状態』）。この一揆は、一八六六年（慶応二）六月一三日に起きた。この年、開港の影響による物価の上昇に加え、幕府・長州の戦いの激化もあいまって（第二次長州戦争）、米の値段が高騰した。

そうした状況にあって、山間《やまあい》の養蚕地域で、米を買って生活していた武蔵国秩父《ちちぶ》郡の村で一揆が始まった。「平均世直将軍」と書いた旗を押し立てて、町場を目指し、飯能《はんのう》宿の米穀商を打ちこわしたのである。

騒動はここで終わらなかった。一揆を始めた当初の百姓が村に帰ったのちも、打ちこわしが多摩地域や上野国にまで広がったのである。あとから集団を率いたのは、刀を抜き鉄砲を持っており、史料上では「悪党」と記されている。多摩地域では、この「悪党」の率いる集団を農兵銃隊が殺害した。秩父郡の一揆勢は代官所が殺害した。

世直し一揆は、領主権力への訴えという要素は薄く、豪農商層に対する制裁行動としての打ちこわしが中心であった。世直し一揆はそれまでの一揆のように、村ごとに一体となって行動したのでもなかった。「悪党」と呼ばれた博徒などの無頼集団や、貧民層・小作人層が打ちこわしや放火を行うのに対し、村役人・豪農層は農兵隊を結成してこれを迎え撃った。

村役人層は一揆勢を殺害した者に賞金を出し、負傷者に治療代を出すこともあった。自衛というより暴力を用いたことへの報復行為だったと保坂はいう（『百姓一揆と義民の研究』）。

農兵銃隊は、治安維持のために村々で結成され、日常的に訓練を積んでいたという。冒頭でみたように、近世の支配体制においては、武士が暴力を独占していた。農兵という存在自体、その大原則が崩壊している証にほかならない。そしてその農兵が一揆勢を殺害したのである。

世直し一揆は、「悪党」と呼ばれた人びとが武器を用い、放火した点でも、村役人・豪農が村の治安維持のために彼らを農兵銃隊に殺させた点でも、既成の支配体制が崩壊し、百姓の暴力を制御するプログラムが機能していない幕末の状況を象徴的に表していた。暴力の応酬にまで発展した件数は少なかったが、これまでになく激しい暴力行為が見られたところに、幕末という時代の特徴が現れていると須田はいう。

打ちこわしで発揮されたもの

一方、民衆思想史研究を牽引した安丸《やすまる》良夫は、世直し一揆の激しい打ちこわしは、一揆勢にとって非日常的な解放空間であったと述べている（『日本の近代化と民衆思想』）。

ひとたび蜂起が始まると、行為者自らにも思いがけない活動力が発揮される。彼らは、自らの上に立つ豪農商の居宅を襲撃し、借用証文を焼き、米俵を切って米をなげちらし、酒を飲んだ。打ちこわしのあとには、道ばたで酔い潰れた姿が見られたという。

「悪党」に強制されて参加した人びとも、酒を振る舞われると、酔いにまかせて打ちこわしにのめり込んだ。武州世直し一揆の場合、一揆勢は店に入り、色とりどりの布を切り取って襷や腹巻きにし、また女性用の帯を腹巻きにしたという。日頃「抑圧され禁制されてきた衝動と願望」が一挙に吐き出されたのだと安丸はいう。打ちこわしに加わった人びとは日常が転倒した世界につかの間ひたりこみ、非日常的な解放を味わった。

世直し一揆がこのような形態をとった背景は、おもに二点にわけられよう。一つは、先に述べたように、仁政イデオロギーの機能不全に加え、既存の支配体制そのものが崩れていく幕末の状況である。もう一つは、その隙を突くように噴出した、人びととの解放願望の高まりである。次節では、この解放願望について詳しく見ていきたい。

3　通俗道徳と解放願望

村の遊び日

ここでいったん村での日常生活に視線を移してみる。もちろん百姓は常に一揆をしていたわけではなく、農作業などの生業を中心とする生活を送っていた。だが、その日常的な生活のあり方も、これまで述べてきた百姓一揆の変遷と密接につながっていた。

江戸時代の農民の生活というと、貧しく苦しい生活を堪え忍んで休みなく働いていたイメージを持つかもしれない。しかし、たとえば『農業図絵』（一七一七年）に描かれた姿は、そうしたイメージとは異なっている。田植えを共同で終えたあとは、「表田植仕廻一日休」となる。屋内外で男性たちが飲み食いし、子どもたちを含めて闘鶏をして遊んでいる様子が描かれている。このほか「村々氏神をまつる」「稲刈上の日祝」「稲蔵入して小祝」「稲不残蔵入して一日休」などもある。

農民たちのくつろぐ姿（『農業図絵』より）

このように、氏神の祭礼や節句、農作業の節目などで、農民たちは休みの日を設け、酒宴や博打、相撲、芝居などを楽しんだ。これを「遊び日」という（古川貞雄『増補村の遊び日』）。いつを遊び日とするかは、村の寄合《よりあい》によって決められたが、おおよそ年に三〇日ほどであったという。祭礼を取り仕切るのは、村のなかでも若者組などと呼ばれた青年層の男性の集団であった。若者組は農作業を含めた村内の共同作業の取り仕切りなども担った。

淡々とした日々の農作業と、解放感を味わう遊び日。江戸時代の農民の生活における、この二つの側面をおさえておきたい。

通俗道徳の浸透

前節で述べたように、一八世紀後半から、商品経済の浸透によって貧富の差が拡大した。この社会情勢は、村の日常生活に変化をもたらした。

一つは、勤勉・節倹によって生活を立て直し、家を維持しようとする思想が生まれたことである。貧困に陥った人びとは土地を手放して小作人になったり、村を捨てて都市部へと流入した。これに対して、農作業にいそしみ、ぜいたくをせず、生活を質素にして、少しでも生産力と余剰を生み出すことで、農家の経営を維持しようとする思想が現れたのである。安丸良夫は、この思想を「通俗道徳」と名付けた（『日本の近代化と民衆思想』）。

通俗道徳の思想は、大原幽学《おおはらゆうがく》や二宮尊徳《にのみやそんとく》が書いた農書などを通して広まった。二宮尊徳の報徳《ほうとく》思想は通俗道徳の代表的なものといえるが、尊徳自身が村を回りながら直接思想を説いた。通俗道徳は、特に農村の村役人層・名望家層に影響を与えたといわれる。村を捨てて都市に流れ、農村が荒廃する現実を前にして、何とかして村を立て直そうとする人びとの思想的な営為であり、「膨大な人間的エネルギー」の現れであったと安丸は評価する。

しかし、通俗道徳が現実に対して持った実際の効力は限定的なものであった。労働にいそしんで生産力を上げ、ぜいたくや無駄を省けば、たしかに生活状態が改善される可能性は高くなる。それでも、飢饉や天災による農作物の打撃を、個々人の努力だけで解決できるわけではない。富める村と荒廃する村との経済格差、村内部での富裕層と貧困層の経済格差は、商品経済が農村にまで浸透したことによって起きた。こうした経済の構造的な変化にともなう貧困を、個人の生活態度だけで解決するのは困難を極めた。

増加する遊び日

もう一つ、一八世紀後半以降の農村での変化として注目したいのは、通俗道徳とは正反対に見える現象が農村に現れたことである。それは、遊び日の増加であった。

日本近世史研究者の古川貞雄は一八世紀後半から、村で定める定例の遊び日が増加していき、年間八〇日にも及んだ村があったと述べている（『村の遊び日』）。定例の遊び日だけでなく、願い出によって臨時に設けられる「願い遊び日」が増え、さらには願い出すらせずに農作業を行わない「勝手遊び日」も増加した。

「平日の遊び日化」と呼ぶべき現象は、一般的には生産力の向上が可能にしたにしても、願い遊び日、勝手遊び日を推進する主体は、先に述べた村の若者組や、土地がなく小作人として耕作する下層の村人であったと、古川は強調している。通俗道徳が村の指導者層に受け入れられたのとは対照的である。

農村を襲った厳しい現実を勤勉な態度で乗り切ろうとする通俗道徳の広まりと同時に、そこから解放されたい、飲んで騒ぎたいという刹那的な願望が人びとのなかに高まっていたのである。通俗道徳がそうであったように、貧困を前にして遊興に向かっていくこともまた、この時代を生きた人びとのエネルギーの現れであった。

ええじゃないかと世直し

興味深いのは、村の遊び日を研究した古川も、通俗道徳を論じた安丸も、遊興に流れる民衆の解放願望が、幕末のええじゃないかや世直し一揆につながると言及している点である。

ええじゃないかは、幕末期に東海地方から近畿地方にかけて幅広く見られた、民衆が乱舞する現象である。暴力的な一揆が起こらなかったとされる畿内でも、この現象が起きている点は興味深い。日本近世史家の西垣晴次《にしがきせいじ》は、ええじゃないかの共通点を次のようにまとめて

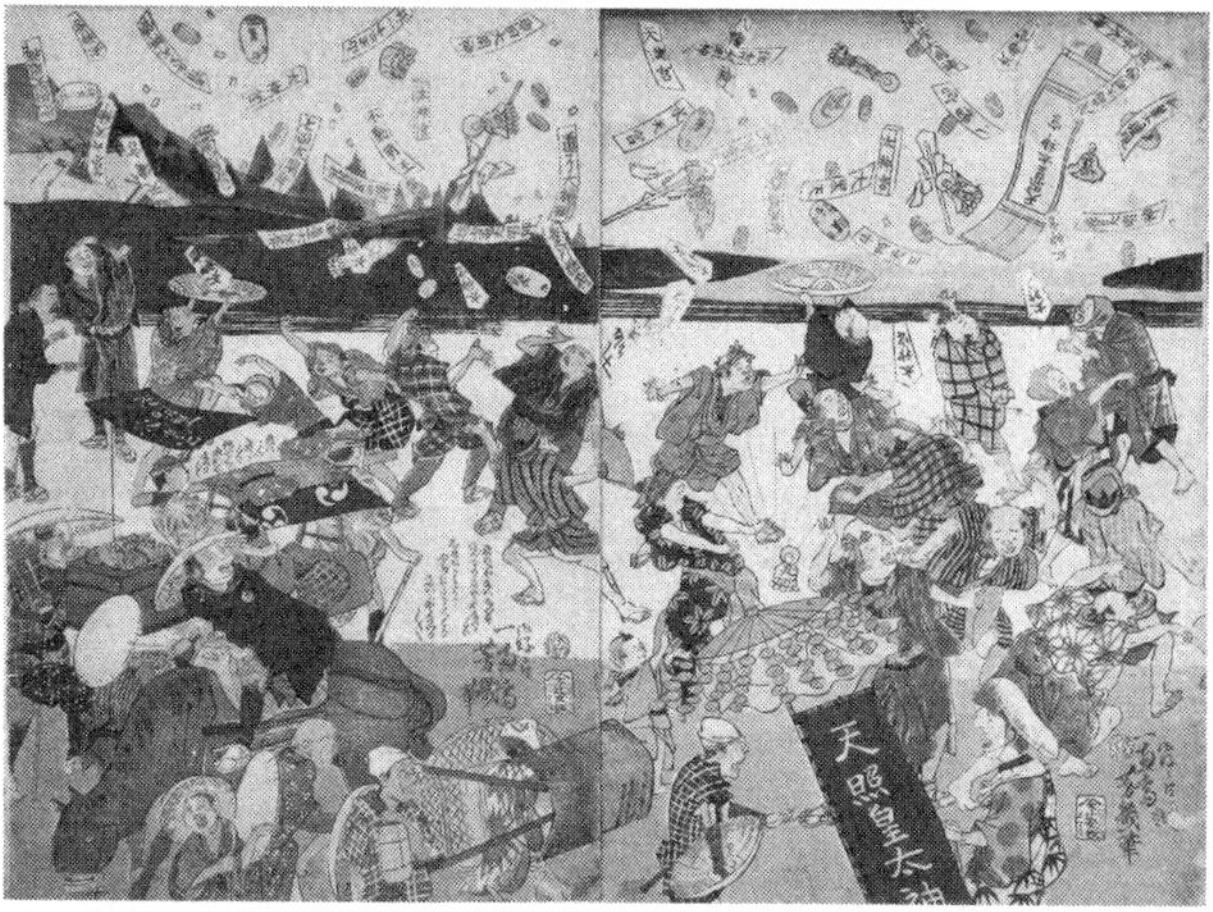

豊饒御蔭参之図（歌川芳幾）．写真：アフロ

いる（『ええじゃないか』）。

　ええじゃないかが始まるきっかけは、神社のお札が降ってきたことによる。降ってきたお札が祀られ、その後数日間にわたって祝宴が開かれるようになる。その宴から、ええじゃないかと歌いながら多くの人が踊り始めた。

　つまり、お札という異世界の要素が生活世界に持ち込まれたことをきっかけに、熱狂的な乱舞が始まったのである。歌は地域によってさまざまであるが、次のようなものもあった（同前）。

> 御陰で　ヨイジャナイカ　何ンデモ　ヨイジャナイカ　ヨイジャナイカ　ヨイジャナイカ　おまこ紙張れ　へげたら又はれ　ヨイジャナイカ

このように、ええじゃないかでは性的な要素を含んだ歌が歌われた。女性は男装し、男性は女装するといった異性装も見られた。乱舞するなかで、人びとは勢いにまかせて、豪農の家へと押し寄せて、酒肴を強要することもあった。また、年貢の減免を要求したケースもあった（安丸『日本の近代化と民衆思想』）。

ええじゃないかとは、現実とは異なる幻想的な世界を求める、世直し的な要素を持った踊りであり、集団的な熱狂の力を借りて、人びとは日常では不可能な要求を行ったのである。古川は、村の遊び日や若者組の祭礼行動の「極限的な到達点」が、一八六七年（慶応三）のええじゃないかであると述べている。願い遊び日のうち、かなりの部分が、ええじゃないかであったともいう。

解放願望のゆくえ

幕末特有の社会不安、すなわち、この世がユートピア的な世界になるか、あるいはたたりのような災厄が訪れるのかわからない不安が、ええじゃないかという現象の根底にあった。そして、同様の衝動や願望が、世直し一揆における打ちこわしというかたちでの爆発的な暴力行使にもつながったのだと安丸はいう。

一九世紀に入って百姓一揆の作法が解体し、暴力行使が増えはじめたことを先に確認した。商品経済の発達、激しい飢饉、幕藩体制の動揺といった事態を受け、百姓一揆の作法の前提となっていた仁政イデオロギーが機能不全に陥った一方で、通俗道徳によって村を立て直そうとし、どうにもならない現状からの解放願望を発露させる。暴力的な世直し一揆は、そうした解放願望の爆発的な発露であった。

以上のように、江戸時代の百姓一揆の変遷を見ると、権力に対抗して暴力をふるう一揆のイメージは、江戸時代の初期と幕末の一時期に現れた事象でしかなかったことがわかる。近代国家以前にも民衆の暴力行使は現れにくい状況にあった。それは法による規制というだけではなく、民衆が仁政イデオロギーに沿うかたちで領主にお救いを求めるという行動に出ていたためであった。

一八世紀後半から幕末にかけての政治・社会の変化は、仁政イデオロギーの機能不全をもたらし、規範や道徳では収まりきらない民衆のエネルギーが暴力行使や踊りとなって噴出する余地が生まれた。打ちこわしや世直し一揆は飢饉や貧困と密接に関わっていたが、それだけで説明できるわけではない。民衆の暴力は、時々の政治・社会の秩序・規範との関わりのなかで生まれていたのである。

この後、幕府が倒れて明治維新を迎えると、民衆の暴力はどのようになるのだろうか。通俗道徳型の運動によって村を立て直そうという動きは、維新後も続き、それによって政府の政策にうまく乗って近代化を遂げた地域もあった。しかし、そうした近代化と並行して、通俗道徳では収まりきらない解放願望やエネルギーが存在していたことを、念頭に置く必要がある。世直し一揆やええじゃないかのような爆発的な人びとのエネルギーは、明治政府が暴力の正当性の独占を図るなかで、いったいどこに向かうのだろうか。

次章から、近代日本における民衆暴力の軌跡をたどっていくことにする。

第1章　新政反対一揆――近代化政策への反発

1　人びとを襲う「異人」への恐怖

世界遺産が語らぬ歴史

一八七二年（明治五）、日本最初の官営模範工場として設立された富岡製糸場《とみおかせいしじょう》は、二〇一四年にユネスコ世界遺産に登録された。お雇い外国人の指導のもと、西洋技術で建築された富岡製糸場は、生糸の大量生産を実現した「技術革新」と、世界と日本との「技術交流」の象徴として評価されている。

「技術革新」や「技術交流」が日本の近代史の一側面であることは疑いない。それらを歓迎し、経済発展の波に乗った人びとがいたことも確かである。しかし、西洋文化との接触の仕方や、近代化政策に対する当時の反応は多様であった。

特に、富岡製糸場が設立されたのと同じ時期、新政府の政策に対する反発がふくれあがり、「新政反対一揆」と呼ばれる蜂起が各地で巻き起こったことは記憶にとどめるべきだろう。そのなかには、放火や殺害を含む、激烈な暴力行為が含まれていた。

民衆暴力の歴史を見据えるにあたり、まずはこの新政反対一揆を取り上げたい。なぜ・どのように、人びとは近代化政策に反発し、暴力をふるったのだろうか。それらは序章で確認した近世の百姓一揆の作法や暴力化した世直し一揆とどのように異なるのだろうか。

新政反対一揆の全体像

「新政反対一揆」は、廃藩置県・徴兵令・学制・賤民《せんみん》廃止令（「解放」令）・地租改正といった、明治新政府の一連の政策に対して起きた一揆の総称である。徴兵制度が開始された直後に「血税一揆」と呼ばれる反対一揆が起きたことはよく知られている。これも新政反対一揆の一つである。

後述するように、新政反対一揆という用語をめぐってはさまざまな議論があるが、ここで確認しておきたい点は、この時期の一揆の多くが一つの問題だけで起きたわけではなかったことである。

たとえば、徴兵制度への反発をきっかけに起きた一揆のなかで、旧藩主を取り戻す要求が出され、同時に学校が破壊されるといったように、一揆の展開過程で問題が変わったり、一度に数多くの政策に対して要望が出されたりした。そのことを重視し、本書では多様な要求を包括しうる「新政反対一揆」という用語を用いることにする。

それでは、新政反対一揆はどのくらい起きていたのだろうか。

近代史研究者の今西一《はじめ》は、一八六八～七七年に起きた一揆を、①一八六八～七一年までの時期、②一八七一年八月～七三年までの時期、③一八七四～七七年までの時期の三つに区分している（『近代日本の差別と村落』）。①は幕末から続く世直し一揆の性格が強かったが、②では徴兵令・賤民廃止令などに反発した新政反対一揆となり、③では地租改正に対する反対一揆が主流となった。②の時期に起きた新政反対一揆は五二件を数える。これだけでも、新しい政策に反対する一揆が各地で起きていたことがわかるだろう。

有名な新政反対一揆の一つに一八七三年（明治六）の名東県《みょうどう》（現香川県）の一揆がある。同年六月二六日の夕方頃、一人の女性が二人の子どもを連れて歩いていた。すると突然、髪を振り乱した女性が近づいてきて、子ども二人を奪い去った。騒ぎを聞きつけて大勢の村びとが竹槍を持って出て来て、この女性を取り押さえ、即座に殺そうとした。この時、戸長（町村の長）や邏卒《らそつ》（警官の前身）が制止したが、人びとはこれを聞き入れず、戸長を襲って負傷させ、戸長宅にも火を放った。これをきっかけに、七郡にまたがる一揆へと発展したのである。

官憲の報告によれば、この一揆の過程で、約一三〇村で放火が行われ、戸長や村吏の家宅が約二〇〇戸、小学校四八ヵ所、掲示場六三ヵ所、邏卒屯所(交番の前身)七ヵ所、平民の家宅二〇三戸が放火されたという。邏卒が説諭しても、一揆勢は彼らに竹槍で抵抗し、邏卒を捕縛するなどした。このため、二八日から軍隊二小隊半が出動し、発砲して一揆を鎮圧した。邏卒のうち二人が死亡、一揆勢では五人が死亡した。一揆に加わったとして処罰された者は約一万七〇〇〇人にも及んだ(『日本近代思想大系』21)。

民衆は「野蛮」だったのか

子どもを奪うという偶発的に起きた出来事から、一挙に一万七〇〇〇人もが参加する大規模な放火や殺害に発展した。家屋や学校を燃やし、竹槍で人を刺し、今でいう警官を捕縛する。現代の感覚では、この事態の急展開と行動の過激さを理解しがたく思える。学校に反感を持つのは、教育の重要さを理解しない「未熟」な態度にも感じられる。政治に対してどのような反感を持つにしても、破壊や放火といった暴力をふるうことは、あまりに「野蛮」な行為と思えるかもしれない。

しかし、そのように感じるのは、明治政府が推し進めた文明化・近代化が達成されたあとの時代を私たちが生きているからである。現在では一定の年齢になったら学校に通うことが「当たり前」であるが、当時はそうではなかった。激動する時代に、子どもを学校なるものに通わせるという、それまでの慣習とは異なる行為を求められたのである。

暴力についても同様である。激動の時代を生きた当時の人びとにとっては、私たちが経験していない切実さがあったと考えられる。現在では「当たり前」とされている感覚をいったん脇に置いて、当時の人びとの感覚や論理にアプローチしてみたい。

改変される生活世界

当時の人びとにとって、明治初年の新政府による政策がいかなるものだったのか。多くの研究が指摘しているとおり、新政府が新たにつくり出すべき国家は、中央集権的な国家というだけではなく、西洋文明にあわせた国、すなわち「文明国」であった（牧原憲夫『文明国をめざして』）。

黒船来航後、日本は欧米諸国と不平等条約を結ぶことになり、治外法権を認める一方で、関税の自主権を持ち得なかった。こうした不平等な条約を結ぶことになったのは、日本が十分な文明国ではないと欧米諸国から見なされたためであった。

したがって、新政府の重要な課題は、欧米諸国から文明国と見なされるように日本を改変し、この不平等条約を撤廃して、独立国となることであった。日本の「近代化」とは、何より欧米の価値観に沿った「文明化」であり、その意味で「西洋化」にほかならなかったのである。

そのようにして矢継ぎ早に展開された明治初年の政策は、江戸時代からの政治・社会システムを大きく変えることになった。

一八七一年（明治四）に新政府は廃藩置県を断行して、旧藩を廃した。学校教育が義務化され、「国民皆教育」の原則が打ち出された。また、四民平等の原則によって、これまでの身分制が改められた。武士身分の象徴であった帯刀も、廃刀令によって禁じられた。その一方で、国民皆兵を謳った徴兵制度が整えられた。兵農分離だった世界が大きく変わったのである。加えて、いわゆる賤民廃止令が出されて、江戸時代の賤民身分であった「穢多《えた》」「非人」などの賤民称が廃止された。

一方で、財政基盤が脆弱だった新政府にとって、税制を改革し、歳入を安定化することが急務であった。一八七三年（明治六）に実施された地租改正によって、米の収穫高に対して一定の割合を現物納するのではなく、地価に対して一定額を金納することになった。

税を金納するためには、農家は農作物を売り、金銭による収入を得なければならない。しかも収入の多寡にかかわらず、租税は一定だから、農民の生活は農作物の市場価格の変動に直接的に影響を受けることになる。

学校制度についても、農作業の働き手であった子どもを失ったうえに、小学校の教育費を負担しなければならなかった。幕府が倒れたあとに現れた新たな為政者は、生活のシステムを根本から変えることを強いる一方、生活を楽にはしてくれなかったのである。

新政府の改革は、生活上の些細なふるまいにまで食い込んだ。各都市の条例として違《い》式《しき》詿《かい》違《い》条例が出されて、裸体や半身を出して道路を歩くことや、くみ取った糞尿をふたなしで運ぶこと、道路で大声をあげることなど、人びとが習慣的に行っているような、きわめて細かい生活上のふるまいが規制の対象になった。

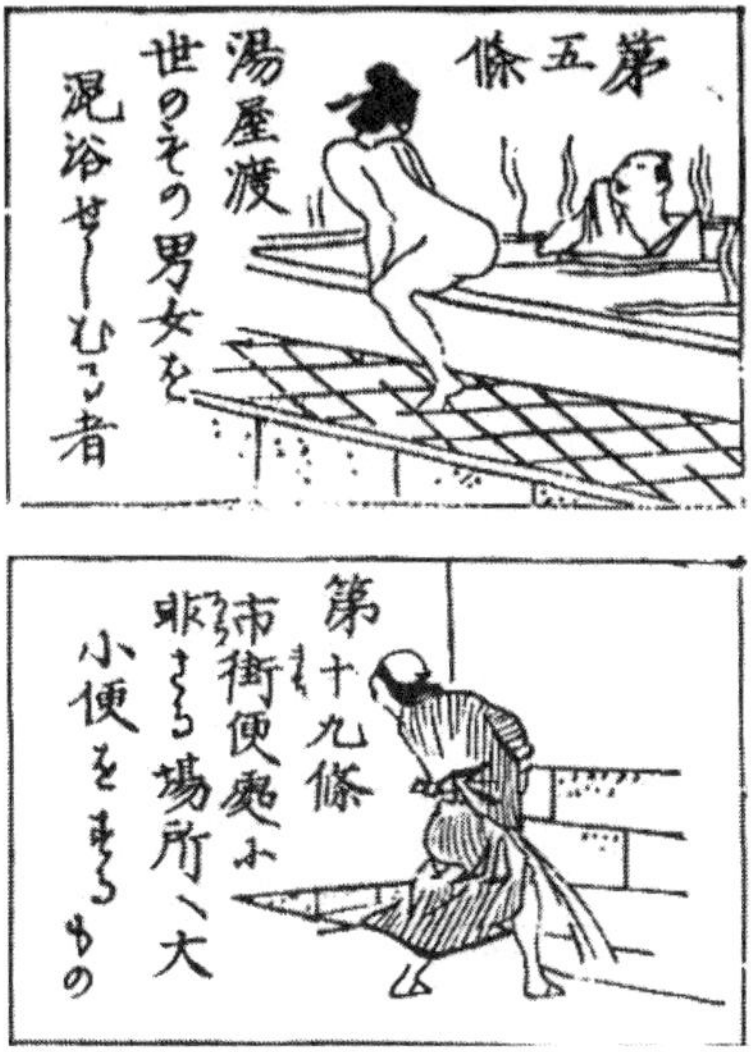

「違式詿違図解」混浴や立ち小便などが挙げられている（『日本近代思想大系』23より）

裸体をさらすことは湿度の高い日本においては、一般的な労働時の所作であったが、キリスト教圏からすると「野蛮」な行為にほかならない。後者の感覚に即して、人びとのふるまいは規制された。

序章では、幕末特有の不安が人びとの間に広まり、世直しを求める踊りや一揆が現れたことを確認した。その後に到来した新しい政策は、世直しの願望に応えるものではなかった。それればかりか、人びとがこれまで住んできた「当たり前」の世界は、さまざまなレベルでくつがえされていったのである。

広まりゆく奇怪な噂

それゆえに、何か得体の知れないことが進行しているという大きな不安と恐怖が、人びとの間に呼び起こされた。この時期、オカルト的ともいえる奇怪な噂が、各地に飛び交っている。高知県では、西洋式の病院に行くと、患者は鉄串の上に乗せられ知らぬ間に身体の「膏」（脂、あぶら）を抜かれ、笑いながら死ぬのだという噂が出回った（今西『近代日本の差別と村落』）。このほか、戸籍調査は人びとを「異人」に売るためだというものや、徴兵されると「軍務司《ぐんむし》」という虫にして「異人」に食わせるというものがあった（『近代部落史資料集成』2）。

他地域でも、西洋人は小児の生き血を取って薬を練る、妊婦の鮮血を絞って薬に混ぜて飲む、処女の血を電線に塗るといった噂があった（『東京日日新聞』一八七四年二月七日、『近代部落史資料集成』2）。こうした噂は各地をめぐる行商人などによって広域に広まったといわれる。

これらの噂に端的に表れているのは、「異人」すなわち外国人が、非人間的な残忍な存在として人びとにイメージされていたことである。まさに「悪意にみちた、えたいのしれない巨大な力」という表現がふさわしい（安丸『日本の近代化と民衆思想』）。

このイメージのなかで、血を抜かれる対象として子どもや女性が想定されている点も重要である。「異人」の脅威は、体内に侵襲して、性や生殖に及び、種や民族の維持に関わると捉えられていたのである。

こうした恐怖感は、新政府が出した徴兵告諭が巻き起こしたと一般にいわれる。一八七二年（明治五）の徴兵告諭は国民皆兵の原則を打ち出したものだが、兵役の義務を説明するにあたり「血税」という語を用い、兵役は税と同じように国民が当然負うべき負担であることを強調した。この「血税」の文字がさまざまに誤解され、徴兵されると「異人」に血を取られるという噂につながったことは確かである。

ただし、「血」「脂」に関する噂のすべてが、徴兵告諭をきっかけに出回ったとも言いがたい。先に挙げた『東京日日新聞』の記事では、血税の字がまだ世に現れる前から噂が流れ、東京では一〇年前から既にこの種の噂があったと報じられている。

この記事によれば、新政府が誕生する前から、政治体制の急速な変化にともなう不安や、外国が侵入してくる恐怖によって、「異人」と「血」を結びつける噂がすでにあったことになる。既存の噂をベースにして、人びとは徴兵告諭の「血税」の文字に敏感に反応したのだとも考えられる。

民衆は「進歩的」だったのか

このような状況をふまえると、新政反対一揆を起こした人びとを「未熟」「野蛮」というだけでは片付けられなくなるだろう。人びとにとって新たな政府の政策は、それまで生きてきた世界の成り立ち方そのものを、強権を用いて改変するものであった。一揆はそうした政策に対して人びとが示した、拒絶の表明であった。

実際、一九六〇～七〇年代の歴史研究は、新政反対一揆を人びとの抵抗運動として高く評価した。新政反対一揆は、天皇制国家や専制的な官僚機構をつくりあげ、上からの資本主義を形成しようとする新政府に対して蜂起した、「民主主義的」で進歩的な闘争であったと位置づけた（後藤靖「士族叛乱と民衆騒擾」）。「野蛮」「未熟」という見方とは、正反対の評価である。

しかし、「未熟」で「野蛮」とする評価がふさわしくないとしても、「民主主義的」との評価は妥当だろうか。民衆の暴力の意味を考える際には、支配権力に抵抗していたか否かという点だけではなく、どのような論理で抵抗していたのかという点が重要となる。新政府の政策に反対したことをもって、一揆を「進歩的」「民主主義的」と位置づけることは、「未開」「野蛮」とすることと同様に、暴力をふるった当事者の論理とかけ離れた評価になりかねない。

この点に関して特に注目すべきは、新政反対一揆のなかで一揆勢が暴力を向けたのは支配者に対してだけではないことである。

西日本を中心に、一揆勢は賤民廃止令にも反対して、被差別部落の家々に放火し、住民を殺傷するなどした。このことを無視して、新政反対一揆を「進歩的」「民主主義的」と評価してよいのだろうか。こうした批判が被差別部落史の研究者から出され、被差別部落の襲撃に関する実態解明が進められた。

次節では、この問題を考えるために、被差別部落史の研究成果をもとに、被差別部落への襲撃を含んだ一揆がどのようなものであったのかを詳しく検討したい。

2　被差別部落を襲う――賤民廃止令への反発

新政反対一揆のなかの被差別部落襲撃

一八七一年（明治四）から七七年（明治一〇）にかけて、賤民廃止令に反対した騒擾は、現在のところ二四件判明している（上杉聰《さとし》『よみがえる部落史』）。現在の兵庫・広島・岡山・愛媛・高知・宮崎・大分・福岡・香川・京都・熊本など、関西から西日本が中心であった。

最初の賤民廃止令に反対した一揆は、一八七一年に起きた播磨《はりま》・但馬《たじま》地方（現兵庫県）の播但《ばんたん》一揆である。このほか、一八七三年に起きた美作《みまさか》地方（現岡山県）の美作一揆と、福岡県一帯に起きた筑前竹槍一揆は、一揆への参加人数が多く、被差別部落への加害が甚大だったことで知られる。

美作一揆については後で詳しく述べるが、処罰者が約二万七〇〇〇人、被差別部落の死亡者数は一八人に及ぶ。

筑前竹槍一揆については、参加人数が六万四〇〇〇人、放火された被差別部落の家は、少なくとも一五三四戸にのぼる。特に被差別部落の家宅などの放火が多かったのが、筑前竹槍一揆の特徴だった。このほか、県庁・区長・正副戸長宅の家屋、掲示場や町村榜示杭《ぼうじ》、小学校、米穀相場商家、「異人館」（洋館）作りの家屋、県庁から博多までのガラス灯、蒸気船の器機、電信柱一八一本などが破壊されたという。

江戸時代の賤民身分

こうした被差別部落の襲撃を理解するためには、賤民廃止令がどのような性質であったかを確認する必要がある。

江戸時代の賤民身分はさまざまにあるが、ここでは「穢多」にしぼって話を進めたい。「穢多」は、幕府や藩から、死牛馬の処理と皮革の精製、刑吏・治安維持、清掃など、「穢れを清める」役を課されていたが、同時に周辺の百姓の村から支配を受けていた。被差別部落史研究者の上杉聰は百姓の村への編入のされ方を三つにわけている（『よみがえる部落史』）。

一つは、「穢多」の所有する土地が大きく、独立した村となったケースである。この場合、周辺の百姓村の村役人がその村の村役人を兼ねたため、「穢多」の村の自治は損なわれた。

二つめは、百姓の村（本村）に対する「枝村」と位置づけられたケースである。この本村—枝村支配がもっとも多かったといわれる。この場合、枝村は村政に対する重大な発言権がなく、年貢の各戸への割り当てや入会地《いりあいち》の利用などで不利益を受けたのみならず、村の付き合いや祭礼などからも排除された。序章でみたとおり、領主層への異議申し立ての手段であった訴願は、村役人をとおして行われたから、本村の村役人によって支配されていた枝村が支配の不当性を藩に訴えることは困難であった。

三つめが、枝村にもなれなかったケースである。この場合、村のなかに組み入れられながらも、「穢多」の人たちの権利はなきに等しかった。

「穢多」にはそれぞれ、百姓の村々から出た牛馬の死体を処理する特権をもつエリア（「旦那場」）があり、そこから収益を得ていた。皮革は藩などに納入されたが、商品としても流通したから、「穢多」のなかには経済的に力を持つ有力者も少数ながらいた。「社会の最底辺」というよりも、村共同体の意志決定から排除された「社会外の社会」という位置づけであったといわれるのは、そのためである。

とはいえ、江戸時代には、皮革業や警備などの仕事をとおして、百姓・町人などと日常的に接触する機会が多くなった。そのため、幕府や藩は、賤民であることの印として、百姓などより質素な服装をすることを義務づけ、支配体制の維持をはかった（同前）。

賤民廃止令とそれへの反発

新政府にとってこうした賤民制度を廃止することは、統一的な戸籍を編成して国家が直接に「国民」を把握するうえでも、地租改正を進めて新たな税制システムを全国一律に施行するうえでも不可欠であった。明治四年に賤民廃止令と呼ばれる布告が出された。

布告

穢多非人等の称廃せられ候条、自今身分職業とも平民同様たるべきこと

同上府県へ

穢多非人等の称廃せられ候条、一般民籍に編入し、身分職業ともすべて同一に相成候よう取り扱うべし。もっとも地租その他除蠲《じょけん》のしきたりもこれあり候わば、引き直し方見込み取り調べ、大蔵省へ伺い出《い》づべきこと（『近代部落史資料集成』1）

賤民廃止令では二つのことを述べている。一つは、賤民の名称を廃止し、身分職業とも平民と同様とすることであり、もう一つは「除蠲のしきたり」、つまり税を免除するしきたりを廃止することであった。賤民身分の田畑には租税が課せられていることが多かったが、宅地は役負担の代償として無税地とされる場合が多かった。この点から、上杉聰は、地租改正への準備として税が免除される土地をなくすことが賤民廃止令の主眼であったとする（『明治維新と賤民廃止令』）。

したがって、人びとに根付く差別意識にどのように対応するかといった問題は考慮されていなかった。この布告は「身分解放令」とも呼ばれるが、新政府には被差別部落の「解放」よりも、賤民制度を「廃止」することに主眼があったことをふまえれば、「賤民廃止令」とするのがふさわしいと上杉はいう。

それでも、新政府の意図とは別に、多くの人びとはこの布告を賤民身分の「解放」と受け取った。

長野県では、被差別部落の人びとがこれまで立ち入ることが認められていなかった銭湯や祭りの際に狂言などをする場所に入ったことや、被差別部落の若者が手踊りを始めたことが村の反発を呼び、詫び状を書かされたことを示す史料が残っている（『近代部落史資料集成』2）。

埼玉県では、被差別部落の人びとの小学校を別に建て、被差別部落から学資金も三分割増で負担することを村の一存で一方的に決定したことに対する訴えが出されている（同前）。

これらは一例にすぎないが、賤民廃止令を機に、被差別部落の人びとが率先してこれまで禁じられていた行動をとりはじめたこと、それに対して、周囲の村が強く反発していたことがうかがえる。布告の性格は「賤民廃止」にすぎなかったが、被差別部落の人びとも周辺の村の人びとも、布告が被差別部落の「解放」を意味するのだと受け取ったのである。

美作一揆

こうした状況下、被差別部落の襲撃を含む新政反対一揆が西日本で多発することになる。なかでも美作一揆は、被差別部落の民衆の殺害人数が多く、残虐であったことで知られている。

美作一揆は、一八七三年（明治六）五月二六日から六月一日にかけて、北条県《ほうじょう》（現岡山県）の美作地方一帯に広がった。一揆勢は県庁のある津山に押し寄せ、道々の正副戸長の自宅や学校、掲示場などを破壊した。最低でも家屋二六三戸が放火された。被差別部落側の死者は一八人を数え、一揆に参加したとして処罰された者は二万七〇〇〇人にのぼった。

なぜ、このような一揆が起きたのか。『北条県下暴動記』によれば、北条県下は、小学校令・地租改正令・賤民廃止令などに対して「驚異して神経すこぶる過敏」な状態にあった。そうしたところ、工部省のお雇い外国人ゴッドフレイ一行が各地の鉱山を視察しに来県した。北条県の人びとは一行がビールやワインを飲むのを見ては怪しみ、官吏らが制服を着けて各地を調査するのを見ては疑い、賤民廃止のため「新平民」が「傲慢の態度」にあるのを見ては悪評していたという（『近代部落史資料集成』2）。

一揆の発端となった貞永寺村《ていえいじ》では、「最近白衣の者が各地を徘徊して子どもを誘拐し、外国人に売り渡している。もし白衣の者を発見したら、半鐘や竹法螺《たけぼら》で村中に知らせるべし」という噂が流れていた。

このように、一揆の前夜は、まさに先に述べた「異人」に対する民衆の不安や恐怖が高まった状態にあった。

被差別部落の襲撃

五月二六日、貞永寺村の老婆が「白衣の不審者が来た」と隣家に駆け込んだ。これを聞いた隣人は噂どおり子取りが出たのだと思い、竹法螺を吹き、半鐘を鳴らして村中に知らせた。村から約六〇〇人が出て白衣の者を捜索した。戸長がかくまっているかもしれないという声があがり、戸長宅に侵入して家財などを打ちこわした（『近代部落史資料集成』2）。

貞永寺村で戸長宅を襲撃した人びとのなかから、「付近の被差別部落の人びとが最近傲慢の態度であるから、この際懲罰すべし」との声があがり、被差別部落の家々への襲撃が始まった。

一揆勢はいくつかの集団に分かれながら県庁のある津山へと向かい、沿道の村々に動員をかけながら勢いを増した。その道々で、小学校や戸長宅を破壊し、被差別部落を襲撃していったのである。翌日も勢いは衰えず、約二〇〇〇人が津山の小学校や県庁を襲った。

これに対して地域の士族三十余人が鎮圧にあたったが、一揆勢はいっそう勢いを増し、竹槍で士族に襲いかかった。さらに士族三〇〇人が県庁に詰めて防御した。鎮圧に窮した県庁側は、一揆勢に向かって発砲し、これにより一二人の死傷者が出た。（同前）。

さらに一揆は北条県一帯へと伝播し、最終的に先述のように多くの被差別部落の家が焼かれた。最も虐殺がひどかった東北条郡の被差別部落の襲撃では、一揆勢は応戦する被差別部落民衆の一陣のなかに押し入ると、竹槍で容赦なく串刺しにしたうえ、石を投げつけて、六人を殺害した。さらに、被差別部落内の家々に火を付け、一〇〇余りの家を焼いた。女性たちの背中に藁束を縛り付け、火を付けて焼き殺したともいわれる（同前）。

被差別部落の人びとが山林に逃げ込むと、一揆勢は二重三重に山を囲み、夜明けを待って、見つけた人を捕縛した。従順な者に対しては、髪に印をつけて解放し、そうでない者は投石や槍で殺して、川に投げ込んだという。山中に逃げた一家は、一揆勢に見つかり、上から大石を投げつけられたところを、槍で喉を突かれた。母娘ら五人が殺害されるなか、一家で唯一脱出することのできた男性は、そのまま樹木に紐を結んで自死を遂げた（同前）。

首謀者らの供述

新政反対一揆の一部では、これほどまでに容赦のない暴力が被差別部落の人びとに向けられた。被差別部落史の研究者は、「新政反対一揆」という捉え方ではこの側面が見落とされてしまうとして、「解放令反対一揆」と呼ぶことを提唱している。

とはいえ、美作の一揆のなかにも、小学校や戸長宅の襲撃のように、解放令反対というだけでは説明できない行動が含まれていることも確かである。どちらの呼称が妥当なのだろうか。

この点を考えるためにも、一揆の首謀者や主だった者の供述書を見てみたい。

中心者として処刑されたのは、一揆の貞永寺村総代役を務めていた筆保卯太郎《ふでやすうたろう》であった。卯太郎の供述書によれば、彼は徴兵制・地租改正・学校・屠牛許可・斬髪《ざんぱつ》・賤民称廃止といった、新政府の一連の政策に不満を持っていた。それゆえ、卯太郎は人心の不平に乗じ、さらに混乱を生じさせようとして、さまざまな噂を村に自ら流したというのである。

徴兵告諭中の「血税」とは「人民の生き血を絞ることであり、一七歳から四〇歳までの者が危ない」という噂や、「白衣を着た者が該当者を連れ去りに来る」といった噂である。

同年五月になると、村々では、新政の布告を廃棄するために強訴を起こそうとする動きが見られた。卯太郎は、自分が白衣の者を差し出し、鐘や法螺を鳴らすので、そうしたら迅速に集合するよう、各村に伝えたという。

折を見て、卯太郎は自らの仲間に白衣を着て副戸長の家を訪れるように指示した。

案の定、白衣の男を見た女性たちから叫び声があがり、その後は卯太郎が望んだとおり、村には鐘が鳴り、竹法螺が吹かれて、一揆勢が形成された。これが卯太郎による供述内容である。

この供述だと、貞永寺村に流れていた噂はすべて卯太郎の策動によるものであり、一揆も彼が仕組んだことになる。しかし先行研究の多くが指摘しているように、この供述書は一揆から五ヵ月も経ったのちに、五回の拷問を受けて作成されており、すべてを鵜呑みにはできない。

日本近代史研究者の茂木陽一は、美作一揆を二段階に分けて整理している（「明治六年北条県血税一揆の歴史的意義」）。第一段階は、筆保卯太郎ら百姓総代層・村役人層を中心とし、県庁への強訴とその道程での正副戸長・小学校・被差別部落などの襲撃を中心とした。第二段階は、攻撃目標を県庁から、全県へとシフトし、各村の個別集団からリーダーが現れて一揆を指導したという。そこでも、被差別部落・小学校・県吏・戸長層が襲撃の中心となった。

このように、一揆勢は複雑に分岐を繰り返しながら北条県内を進んだが、卯太郎が関与したのはその一端にすぎない。先の供述書は騒動のすべての原因を彼に着せることで、早期に事を収めようとする県側の意図のもとに作られた可能性が高い。

一方、被差別部落の襲撃に関わった被告の供述を見ると、卯太郎の供述にあるような新政府の政策全般に対する不満は述べられていない。「御一新後、右称号（賤民称のこと）が廃止せられて以来、被差別部落民衆が不遜であるのを以前より憎ましく思っていた」、「被差別部落の者が、賤民称廃止後、従前の身分を忘れ、無礼になっていた」など、賤民廃止令に関する反発のみが記されている（『近代部落史資料集成』2）。

とはいえ、首謀者以外の一揆参加者の要求がすべて賤民廃止令への不満だけであったともいえない。一揆全体の襲撃対象を見ると、戸長や掲示場、小学校や県庁などが含まれており、他の政策への不満も行動に込められていた。

また、東北条郡三二ヵ村の要求は、「五ヵ年貢米免除」「断髪従前のとおり」「屠牛の廃止」「田畑への桑草木の植え付け廃止」「徴兵廃止」「穢多従前のとおり」「御政治向き、旧幕府に立ち戻り」などであり、賤民廃止令と並んで多くの政策を反故《ほご》にして、旧来の状態に戻すことを求めている（同前）。

これらを総合していえるのは、卯太郎の意図だけで一揆が行われたわけではないことである。一揆勢の要求は卯太郎の主張と重なりあっていたが、一揆勢が卯太郎に追従しただけではなかった。

一揆に参加した動機は一揆勢のなかでも複合的・多層的であり、一揆の広がりとともに意図が変化したり、異なる意図に重点が置かれたりした。したがって、トピックを一つに限定した「血税一揆」「解放令反対一揆」という呼称よりも、「新政反対一揆」という捉え方のほうが、その性質をより的確に表しているといえるだろう。

なぜ被差別部落襲撃が行われたのか

そのうえで、一揆のなかで、被差別部落への暴力がなぜかくも苛烈で執拗であったのか、という点を改めて考えたい。この点についても、これまでの研究でさまざまに議論されてきた。

一つは、先に挙げた供述のなかにあったように、周辺の村の人びとが賤民廃止令後に被差別部落の人びとが「増長」し、「不遜」「無礼」になったと感じており、そうした差別意識が暴力の要因であったとする説である。近代史研究者の今西一は、序章で見たような、領主に仁政を求める江戸時代のお百姓意識は、反面では新政反対一揆につながる賤民身分への蔑視を含んでいたと指摘する（『近代日本の差別と村落』）。

もう一つは、人びとの間にあった「異人」に対する不安感や脅威が、転じて被差別部落の人びとが自らと対等になることへの恐怖・脅威にもつながり、他者の徹底した排除につながったという説である（ひろた・まさき『文明開化と民衆意識』）。貞永寺村で一揆が始まった際に、このままでは「人種きれる」、賤民制廃止により「異人の支配となりて百姓第一宝の牛も皆喰れる。田地は旧属士族と百姓町人惣平均になる」という声があがっていたという（『近代部落史資料集成』2）。

今西も、「人種きれる」という文言から、血統の乱れが起こることへの恐怖があったと指摘している。賤民廃止令が「異人」への脅威や、生業が成り立たない不安感、種の永続が断たれるような恐怖感が、新政府の政策に対する全面的な拒絶へとつながり、人びとを苛烈な暴力へと駆り立てたという考え方である。

地域史料からのアプローチ

一方で、こうした意識や集合心性で一揆を解釈すると、地域社会と切り離して議論しがちであるとし、地域社会との関係を改めて問うべきだとする見解がある。

たとえば、賤民廃止令の直後から旧百姓村で、被差別部落に対する「〝不売〟運動」が起きていたことが挙げられる。被差別部落に対し物の売り買いをせず、経済的なつきあいを断つことで、従来の百姓村の支配を維持するように被差別部落を追い込もうとしたのである。播但一揆や美作一揆の起きた地方では広範に見られたという（臼井壽光《ひさみつ》「「解放令」反対不穏状況の分析」『明治初年解放令反対一揆の研究』）。

こうした運動が起きた背景には、解放令を受けた被差別部落の人びとの積極的な行動がある。これまで禁じられた銭湯や髪結いなどに立ち入ろうとし、死牛馬の処理や警備の番役《ばんやく》などを拒否するといった行動である。入会権を均等割りにすることなど、平等な地域構成員としての訴えを出してもいた。これらの動きに対する反発として先の不売運動がなされたのである。

近世後期に商品経済の発達が進むと、しだいに「穢多」身分のなかにも皮革製品の生産・販売などで経済力を持つ人物が現れるようになった。これにともない、周辺の百姓村との関係を一方的な支配関係ではなく、契約的な関係や双務的な関係へと変えることが試みられていた。

一八五七年（安政四）に岡山藩で起きたいわゆる渋染《しぶぞめ》一揆は、「穢多」身分へ渋染・藍染以外の着物や紋付の着用禁止と下駄履きの禁止などの触書を藩が出したことに対して、「穢多」の村が集団となって強訴したものである。このように、幕末には差別的な待遇に抵抗する運動が起きていた。

賤民廃止令が出された時に、被差別部落の人びとがすばやく反応できたのは、江戸時代から継続的に待遇改善の営みがあったからこそといえる。

本村にとって、賤民廃止令は、枝村の支配をとおした経済的な利益を動揺させるものであった。先述のように、枝村は本村に組み入れられながらも、意志決定から排除されており、本村は年貢の割当てや入会地の利用などを自らに有利な形で決めていた。これ自体、賤民身分を下に見る観念によって成り立っていたが、それだけでなく、経済的な利益とも結びついていたのである。だからこそ、賤民廃止令後の被差別部落の人びとの動きに対して、強烈な反発を見せたのである（同前）。

こうした地域に即した観点は、経済的な利害関係を含めた考察を可能にしたのみならず、被差別部落の人びとを差別「され」、暴力を「ふるわれた」客体としてではなく、主体として捉え直すことをも可能にした。

新政反対一揆のなかで被差別部落の襲撃が多かった地域は、被差別部落の人数が多く、皮革産業が安定しており、農業への進出も見られるなど、被差別部落の力が相対的に強かった地域であったことも指摘されている（上杉聰『よみがえる部落史』）。

激烈な被差別部落襲撃が起きた背景には、被差別部落の人びとの積極的な動きと、周囲の旧百姓村が危機感や被害者意識をもってそれを抑圧する動きの両方があったのである。

抵抗を続けた地域

実際、美作一揆のなかで苛烈な虐殺が行われた地域が、その他の被差別部落に比してとりわけ差別がひどかったわけではなかった。そうではなくて、一揆のさなかに一揆勢に屈服することを頑として拒んだ地域であった。

一揆勢は近隣の被差別部落に対して、賤民廃止令が出る以前のようにふるまうことを求め、詫び状を出させた。たとえば、次のようなものである（『近代部落史資料集成』２）。

私どもは従来「穢多」の称であり、平民様とは格別の違いがあるという本村の規定があります。〔中略〕今後は従前のとおり礼譲を守り、慎みます。本村はもとより、他村に至るまで、門内においては履物《はきもの》などを脱ぎ、道の途中で出会った時には、従前のとおり履物を取って礼譲を尽くします。これまでの心得違いをお詫び申し上げます。お許しください。

このような詫び状を差し出した場合、それ以上の放火を免れた。また、「従前のとおり、元穢多となり、村々の指図どおりに従うべし」という立て札を出したことで、襲撃を免れたケースもあったという（同前）。

しかし、虐殺が行われた地域はこうした詫び状を頑なに拒んだ。このことは隣村に住んでいた小林久米蔵という人物の供述からうかがえる。久米蔵は当時五一歳の農民で、村のいわゆる「侠客」「顔役」というべき存在であった。一揆のさなか、久米蔵は被差別部落の代表者に対し、「いま一揆勢が近くに押し寄せている。元の身分どおり下駄・傘などは村内から外へは用いず、近村の平民に用がある時は、門外から草履を脱ぎ、途中で平民に会った時は、頭を地に下げ、礼儀正しくすべきである。そうする証拠に、県庁への強訴の先頭に立つという証書を差し出すなら、この村は危害を免れるはずだ」と申し入れたという（同前）。

これに対し、被差別部落側は県庁に強訴する気は全くないと断った。仲裁の申し出を断られた久米蔵は一揆勢に対して、この村は強情を張っているので自由に乱暴してよいと叫び、襲撃を煽動したと供述している。

久米蔵の供述には村の不祥事の責任を自分が一手に引き受けようとする作為が感じられ、実際にこれほど重要な役回りを演じたのかどうかは疑わしい。それでも、この供述からは、襲撃された被差別部落が従来の慣習に戻ることや一揆の先頭に立つことを、断固として受け入れなかったことがうかがえる。

一揆の先頭に立つことを拒んだのは、そのような危険な真似はしないという意思表明とも、賤民廃止令を出した新政に反対するつもりはないという意思表明とも受け取れる。この被差別部落では、肥桶《こえおけ》を黒く塗って砲台に見せかけたものを設置して、一揆勢を寄せ付けぬようにしていたともいう。虐殺された村はこのように、一揆勢の襲撃に対して「解放」を選び、抵抗を続けた村であった。

もちろん、だからといって、抵抗しなければよかったということではない。抵抗することは解放を願う主体的な選択であり、詫び状を入れることも村の生存を重んじる当事者の主体的な選択であった。問題にすべきは、詫びる／詫びないの二者択一を突きつけ、それに基づいて相手を放火・殺害するか否かを決定できたのは、一揆勢の側であり、その反対では決してなかったことである。一揆の場では、それだけの強固で非対称な権力関係が両者の間に現れていた。

一揆に参加しなかった村

美作一揆で何らかの刑に処された者は二万七〇〇〇人にのぼった。これだけ大規模な参加が見られたのは、一揆勢が進むにしたがい、村々に「出なければ殺す」などといって動員していたことによる。

こうした脅しをともなう動員は、序章で述べたとおり、江戸時代の百姓一揆でも見られた。しかし百姓一揆と異なり、実際に放火や殺害を行いながら進軍する一揆勢からの動員には、ひときわ強い強制力が働いたといえる。『久米郡誌』では、こうした強制によって、一五〜一六歳以上の者で、老人と病人以外は参加したと回顧されている。

それでも、一揆への参加に応じなかった村があった。この村は、一揆勢に「一揆に随行しないならば、残らず放火する」と脅されたが、村の者は弁当を携えて山中に隠れ、参加しなかったと司法省の臨時裁判所に報告している（『近代部落史資料集成』2）。

このような事例があるとすれば、脅されながら一揆に勧誘されることと、やむなく参加することのつながりは、必ずしも絶対的ではなかったことを示唆している。一揆に参加した人びとは、脅されながらも、やはり参加することを選んでいたのである。

3 鎮圧と処罰

国家の暴力装置

最後に、鎮圧・取り締まりの側に目を向けてみよう。序章で述べたとおり、近代国家は、暴力の正当性を独占することで成り立っているが、その正当化された暴力を担う機関は警察・軍隊である。日本において、これらの諸制度が整ったのは、新政反対一揆が起きていたまさにその時期であった。

軍隊の制度が大きく変わったのは、一八七一年（明治四）、廃藩置県に先立って設置された親兵である。薩摩・長州・土佐の献兵約六〇〇〇人から成り立つ親兵によって、廃藩置県を断行した（松下芳男『暴動鎮圧史』）。同じ年、各地の要所に鎮台（軍の部隊）が設置された。

一八七三年(明治六)には、徴兵令が発せられて本格的な徴兵制度が始まるとともに、全国を六軍管に区分して鎮台と営所とを配置する六軍管制がとられた。

一方、警察制度については、一八七一年に東京で邏卒三〇〇〇人の取締組が創設された。翌年には司法省警保寮による全国警察の統合が図られ、その後、一八七三年に設置された内務省が全国警察を管理し、府県地方公吏が警察運営にあたる制度が整えられていった(大日方純夫『日本近代国家の成立と警察』)。近世社会においては、非人番が藩権力の末端の治安機能を担い、町村共同体も限定的に自衛・警察権を保有していたが、近代国家がその機能を独占していったのである(今西『近代日本の差別と村落』)。

このように、警察・軍隊という国家の暴力装置は、新政反対一揆の頻発とまさに並行して整えられていった。もちろん、これらの制度は新政反対一揆の鎮圧だけを目的に作られたわけではない。新政府の最も警戒すべき事案は、民衆の蜂起よりも、士族反乱によって中央集権化が崩れることであった。それでも一揆の現場では、たびたび鎮圧の側が多数の民衆を殺傷し、また民衆によって官憲も死傷している。軍隊が派遣されたケースも多い。

士族兵に頼る

新政反対一揆は、先に述べたように時に数万人規模にも及ぶ大規模なものも多かった。一八七一年（明治四）の高松県（香川県）・岡山県・飾磨《しかま》県（兵庫県）・度会《わたらい》県（三重県）・高知県で起きた一揆については、県はいずれも旧藩の士族で構成された藩兵で鎮圧している（松下『暴動鎮圧史』）。廃藩置県を実施したあとも、各地での反乱に対する武力鎮圧は、旧藩の力に頼らざるを得なかったのである。

一八七三年の美作の一揆では、当初は周辺四県の警察力を動員して鎮圧にあたったが、官民ともに死亡者を出し、鎮圧には至らなかった。そのため、政府は大阪鎮台から二小隊を派兵したが、士族兵も徴集している。

同年に起きた筑前竹槍一揆についても、六万四〇〇〇人という大規模な一揆となり、警察権力だけでは鎮圧できなかった。このため、熊本鎮台から兵を蒸気船で福岡へ派遣したほか、日田営所からも派兵し、さらに大阪鎮台から小倉へと兵を送った。それでも一揆勢は福岡県庁に侵入し、一時県庁を占拠した状態になり、責任をとって四人の官吏が自害した。この際も、福岡・佐賀・大分の各県より旧藩兵が組織され、鎮圧に加わった（同前）。

国民皆兵の名目で進められた徴兵制であったが、大規模な新政反対一揆に際しては、各県は旧藩の士族の力を借りるほかないのが実情であった。陸軍はこの事態を問題視し、竹槍一揆後に次のような布達を発している。「各地方で民衆暴動の際に、鎮圧のために各管轄庁にて貫属《かんぞく》士族などを募って、隊伍を組ませ、兵士の名目を与えて防御させる向きもあるが、これは陸軍の権限を侵すものであり、甚だ不都合である。以後決して行わないように」(陸軍省布達、同前)。

それでも、徴兵制による軍隊だけでは鎮圧が難しいことは確かであった。一八七四年(明治七)に起きた士族反乱である佐賀の乱でも、再び臨時募兵として士族兵が鎮圧にあたらざるを得なかった(加藤陽子『徴兵制と近代日本』)。

このように、新政府は国民皆兵という自らのつくり出した原則を部分的に崩すことで、ようやく新政反対一揆を収めることができた。たしかに、県庁を占拠した民衆は新政府に対抗するような、持続的な勢力にはなり得ず、その意味で新政府にとって、新政反対一揆は士族反乱よりも脅威ではなかった。それでも、突発的かつ連鎖的に発生した民衆の暴力は、新政府の足下を瞬間的に揺るがしていた。

即決処分

一方、司法の側面から見ると、新政反対一揆の参加者に対しては、即決処分が下されたことが指摘されている。即決処分とは、各県の裁判官が裁くのではなく、地方官(県知事など)に裁判を一任し、速やかに現地で刑を執行するというものである。現場で抵抗した一揆参加者のみならず、逮捕者にも、また死刑に相当する重い刑であっても、即決処分が適用された。即決処分の指令が大蔵省によって出されていたことも指摘されている（上野利三『近代日本騒擾裁判史の研究』）。

伊勢暴動では、参加者が一〇万人ともいわれる大規模な一揆であったため、警部職員が足らず、県の官吏が総出で処理にあたった。一〇日で五〇〇〇人を弾告するほどであった。

このように、新政反対一揆では裁判による十分な審理が行われず、行政官によって即時に裁かれた。一揆参加者を迅速に厳罰に処すことで、早期の鎮圧を図る意図があったと思われる。

世直し一揆から新政反対一揆へ

これまで述べてきた新政反対一揆を、序章で見た世直し一揆からの流れにもう一度位置づけてみたい。

百姓一揆が幕藩体制を絶対的なものと自明視していたのに対し、世直し一揆はそれが崩壊し、権力が空白になった時に現れた。打ちこわしが多発したほか、少数ながら放火・殺害行為も見られた。そこには、既成の支配権力からの解放を求める願望や、「世直し大明神」に象徴されるように、新しい権力への幻想的でユートピア的な期待が込められていた。

新政反対一揆でも、一揆契状や村ごとの参加強制など、百姓一揆の形態が続いていることを確認できる。しかし、その主たる行動は、為政者に仁政を求める行為とはかけ離れており、世直し一揆よりも、放火や殺害行為が多発している。

新政反対一揆の内容の多くは、旧体制の復活を求めており、既存の権力からの解放を求めた世直し一揆とは正反対のようにも思える。しかし、強烈な解放願望を持っていたからこそ、新政府が生活を楽にはしてくれず、むしろ、これまでの生活世界を脅かす存在だとわかった時に、人びとは痙攣《けいれん》的な拒絶を見せたのだと考えられる。ユートピア的な世直しへの期待は、オカルト的な不安・恐怖へと急転した。

自らの特権の剝奪も含む、得体の知れない奇怪な世界が到来するのに際して、新しい権力機構に暴力が向けられ、平等を希求した被差別部落の人びとへも殺害・放火を含めた制裁が行われたのである。

鎮圧の側に目を向けると、新政反対一揆に対して実弾を発射して鎮圧し、一揆の参加者をくまなく処分することは、江戸時代におけるあるべき領主の姿とはほど遠い。近世の百姓一揆では主だった者のみが裁きの対象となり、そのほかの一般参加者の罪は不問に付されることが多かった。しかし近代法においては、参加者全員が処罰の対象となり、罪状に応じた処分が下される。そのこと自体、これまでとは異なる為政者の姿を民衆に示す作用があった。

しかし、一揆勢は強権的に鎮圧を試みる邏卒を襲撃し、官吏を殺害するなどした。竹槍が持ち出されていることはもちろんだが、鉄砲も鳴り物としてではなく、武器として用いている。警察権力に対して民衆がかくも容易に暴力を向けたことは、国家の暴力の正当性が確立していなかった証といえる。軍隊もまた、新たな徴兵システムでは成り立たず、かつて暴力を集権していた士族に依存せざるを得なかった。

正当的な暴力の集権化が未確立であるがゆえに、新政反対一揆の暴力は激烈なものになった。それと同時に、一揆が鎮圧される経験をとおして、国家の暴力が正当・正統なものとして、民衆に認知されるようになったのである。

このように、日本の近代化は決して一直線に進んでいたわけではなかった。民衆暴力を呼び起こし、それに揺れ動きながらも、封じ込めることをとおして、近代国家としての正当性を獲得していたのである。

より視野を広げてみると、新政府が急速に「文明国」の樹立を目指した背景には、世界的な資本主義・植民地主義の潮流があった。重要なのは、世界的な植民地主義の潮流は、日本という一つのローカルな地域の政治・社会のあり方を大きく変容させ、その無理な変化のしわ寄せが、被差別部落の襲撃を含む新政反対一揆という形で現れたことである。日本の近代化の産物は、技術革新・技術交流だけではなかった。こののち、被差別部落をめぐっては、近代化のなかで新たな差別の指標がつくられ、再編されることになるが、この点については、黒川みどり『異化と同化の間』などを参照してほしい。

一方で、新政反対一揆と同時期に、日本は、朝鮮・台湾・琉球といった東アジア地域への進出を開始している。日本も欧米の植民地主義に乗って動いてもいたのである。他方、国内では、新政府の専制政治を改め、国会を開設して立憲政体を樹立しようとする自由民権運動が展開する。「世直し」への期待が打ち砕かれて、新政反対一揆を起こした民衆は、政府の専制を批判する自由民権運動と接触することによって、どのような行動にでるのだろうか。次章では、一八八四年（明治一七）に起きた秩父事件について見ていきたい。

第2章　秩父事件

1　秩父事件とその背景

秩父事件とは何か

前章から時計の針を一〇年ほど進めてみる。一八八四年（明治一七）。日清戦争の一〇年前で、国会の開設と憲法の制定を求める自由民権運動が高まりを見せた時期というと、イメージしやすいだろう。本章では、この年に起きた大規模な民衆蜂起である秩父事件を取り上げたい。前章から一〇年後、民衆暴力の形はどのように変わったのだろうか。

まずは、秩父事件がどのような事件だったかを確認しておこう。

一八八四年一一月、「困民党」「貧民党」と呼ばれた秩父地方の農民たちが、借金の一〇年据え置きと四〇年賦返済、学校の三年休校や減税などを求めて蜂起し、高利貸への放火や証

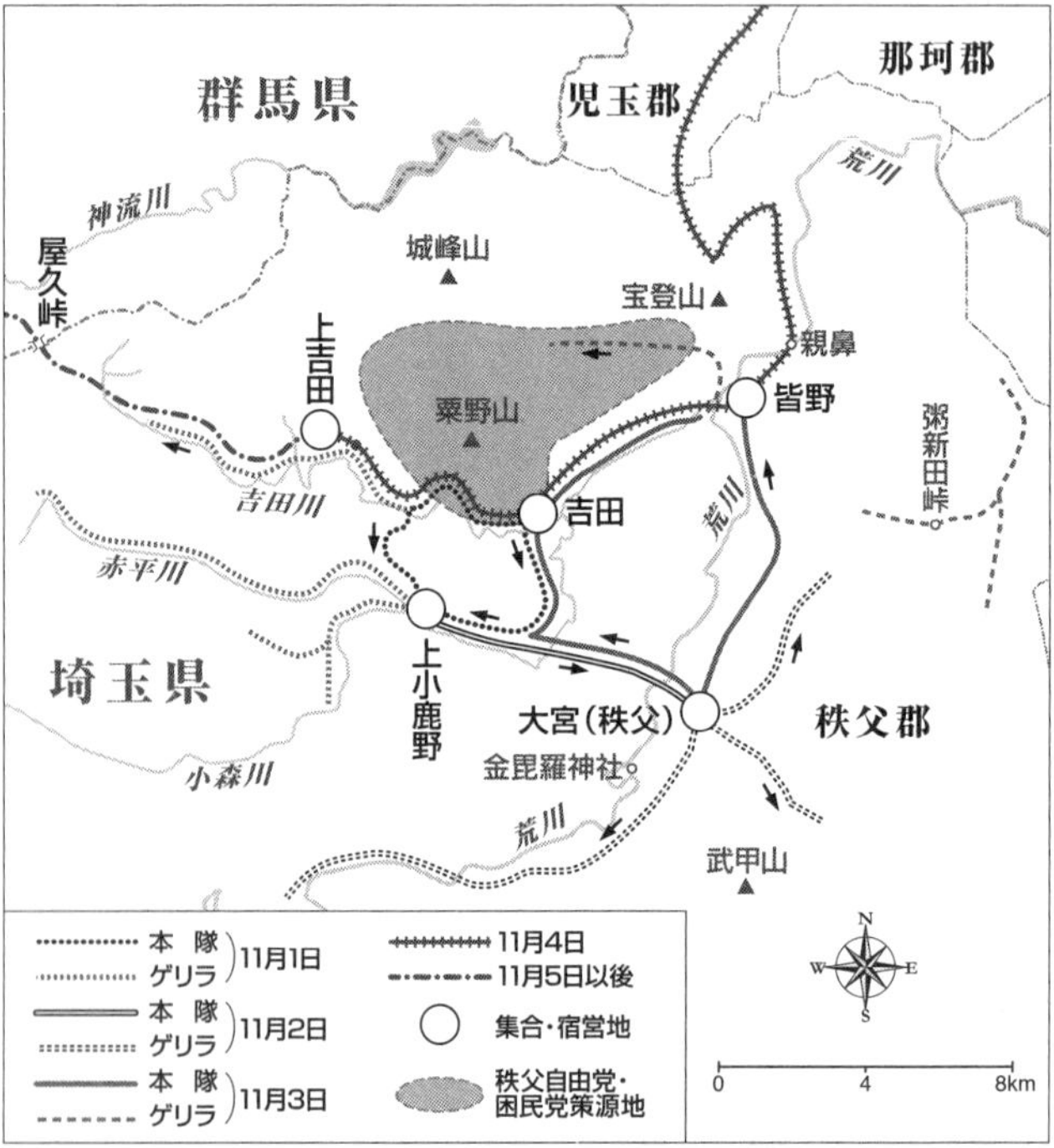

蜂起軍の進路（井上幸治『秩父事件』の地図をもとに地名などを補った）

書の焼却をし、郡役所・裁判所・警察署などを襲撃した事件である。

　蜂起の発端となったのは秩父地方であったが、吉田近くの下吉田に集結した人びとは、周辺の村々に動員をかけながら移動し、小鹿野から大宮郷へと進み、さらに皆野村に進んだ。ここで本陣が解体するも、なお、一部は児玉郡へと向かい、もう一部は、屋久峠を越えて群馬県南甘楽《みなみかんら》郡へ、十石峠《じっこくとうげ》を越えて長野県南佐久郡《みなみさく》へと向かった。

鎮圧には警察だけでなく、憲兵隊や高崎鎮台兵が出動した。農民の一部は軍隊と交戦して、三〇人以上が死亡したとされる。また、検挙者は埼玉県で約三五〇〇人、群馬県で約三〇〇人、長野県で約六〇〇人とされる。前章で見た新政反対一揆ほどではないものの、広域にわたる大規模な事件であった。

以下では、新政反対一揆との相違点にも着目しながら、秩父事件の特質を考えていきたい。

松方デフレ

維新以来、新政府は国内での近代化政策を推し進めたが、財政基盤の弱さが問題だった。一八七七年（明治一〇）に西郷隆盛を擁して士族が起こした西南《せいなん》戦争は、士族反乱としては最大規模のものであった。

西郷軍の総兵力は約三万人であり、これに対して政府は約六万人の兵力を投入した。整ったばかりの徴兵制による軍隊だけでなく、軍夫も雇い、戦費は四二〇〇万円もの莫大な額になった。政府はその多くを、不換紙幣を増発することでまかなった。

その影響は二、三年後に激しいインフレーションとなって現れた。市場に出回る紙幣が多くなったために、物価が急激に高騰したのである。この事態に対応すべく、大蔵卿の松方正《まつかたまさ》義《よし》は市場に流通しすぎた紙幣を、緊縮財政や、酒・煙草の増税、醬油・菓子税の新設によって回収し、消却する紙幣整理を行った。

これらの増税は、一方では、朝鮮半島での壬午《じんご》軍乱を機に清国との交戦を念頭において始まった軍備拡張計画の財源でもあった。折からの世界的な不景気の影響もあり、増税とデフレ政策によって多くの農家が深刻なダメージを受けた。租税が納められず、滞納によって強制処分を受けた農民は三六万人にものぼり、やむなく競売に掛けられた土地は四万七〇〇〇歩《ぶ》にもなった。

養蚕地域への打撃

養蚕地域は、特に松方デフレによるダメージが大きかったといわれる。秩父事件に参加した地域は養蚕地帯であった。

幕末の開港によって、生糸の輸出が増加したため、この地域は養蚕・製糸業に重点を移すことで農家の経営を発展させていった。養蚕・製糸業の場合、生糸の価格は月単位で上下したために、生糸価格が下落しても、一時的なものと考えたと思われる。また収益性も高かったため、高利貸（個人だけでなく、銀行会社・生産会社など）から高利に借金をしても、通常であればそれ以上の利益を得て返済することが可能であった（佐藤政憲「激化事件」『自由民権と明治憲法』)。

しかし、今回の急激なインフレとデフレは、政策によってつくり出されたものであり、繭価も通常とは異なる大幅な変動を見せた。貧農ばかりでなく中間層を含む多くの階層が、借金の返済と納税に苦しむことになった。

秩父地方の農民が暴力を辞さずに立ち上がった条件の一つには、これまでとは異なる振幅で景気が変動し、生業が成り立たないほどに容赦なく財産が処分されていたことがあった。ただ、生活の困窮だけで人びとが暴力に走ったわけではない。そのことを理解するために、秩父事件に加わった人びとの状況をもう少し詳しく見ていこう。

自由民権運動の展開

松方デフレのほかに、もう一つ重要な条件は、近代日本の最初の政治運動と呼ばれる自由民権運動が高まっていたことである。一八七三年(明治六)の政変で下野した板垣退助《いたがきたいすけ》らが開始した立憲政体の樹立を求める運動は、全国規模で展開し、多くの結社が誕生した。特に西南戦争後に演説会などの言論運動が活発化したことに注意したい。西南戦争が鎮圧されたことで、もはや実力行使によるクーデターが不可能だと示された士族は、言論での政治運動に集中していったのである。

演説会の様子（絵入自由新聞）

自由民権運動の特徴は、国会開設の必要性を政府に訴えただけでなく、新聞の発行や演説会の開催といった言論活動をとおして、民衆にも幅広く訴えかけて、支持基盤を拡大した点にあった。しかも、政府からの弾圧を受けるにしたがって、次々と新しい運動手法を生み出していった。

民権家は当初、政論新聞を発行して民権論を唱えていた。しかし紙上での政府攻撃が強まると、政府は新聞紙条例・讒謗律《ざんぼうりつ》（一八七五年）を制定し、政府への批判を封じ込めた。これによって、多くの新聞で編集責任者が罰金刑・禁獄刑になるなど、大きなダメージを受けた。稲田雅洋の研究によれば、実に一八七五年（明治八）八～一二月に処分された件数は一四件、翌年は一年間で九〇件にも及んだ（『自由民権の文化史』）。

新聞での言論活動が困難になると、民権運動の中心は演説会の開催へとシフトした。都市部では歌舞伎座や寄席、農村部では寺社などで、民権家が弁士となって人びとに国会開設の必要性を説いたのである。

多くの研究が、演説会という場が演劇的な空間であったと指摘している。弁士が政府攻撃を展開すると、聴衆は興奮して喝采を送った。特に臨席した警官が弁士注意、もしくは弁士中止を申し渡すと、聴衆のボルテージは上がり、急須など手元にあったさまざまな物を投げ飛ばした（図を参照）。このように、まるで弁士を善、警官を悪とする勧善懲悪の演劇を見るかのように、聴衆は政談演説会の政府批判を楽しんだといわれる。聴衆はまた、弁士に「ヒヤ〳〵」「ノー〳〵」と合いの手を入れ、喝采を送って、呼応した。

演説会が盛んになると、政府は集会条例（一八八〇年）を制定し、政談演説会を届け出制にして取り締まり、さらに二年後にはこれを改正して学術演説会にも対象を広げた。こうして事実上、演説会の開催が困難になると、民権家はさらに新たな運動方式を生み出していく。

その一つが民権運動会という、ユニークな方法である。民権家は寺社の境内や広場などで綱引きや玉奪い・撃剣《げきけん》などのパフォーマンスをする。最後に、そこに集まった観衆に対し、運動会の席上で党に勧誘するのである。

たとえば栃木県下の運動会では、主催者である自由党員から、自由党が政権を握ったら「租税を薄くし、今の如き安寧の位地に置く」、「諸氏も今日こそ意を決し、吾輩の言に従い、充分気力を養い、他日の変を待つべし。必ず結果幸福を占むること明らかなり」と言って、自由党に勧誘したという警察の報告書が残っている（『日本近代思想大系』21）。

租税の軽減というだけでなく、安寧・幸福といった未来像が提示されている点が興味深い。現在とは異なるユートピア的な世界の到来を期待する民衆の世直し的な願望を刺激したと思われる。このように、民権運動は政府からの弾圧をかいくぐって、実にクリエイティブに次々と新しい運動手法を生み出していった。

弾圧を受けて

「弾圧」といっても、その内容をイメージしにくいかもしれない。当時の警察の取り調べや監獄の状況は過酷であった。

たとえば、『朝野新聞』の成島柳北《なるしまりゅうほく》は、一八七六年に讒謗律によって禁獄四ヵ月の刑を受け、鍛冶橋監獄に入った。当時の鍛冶橋監獄は便器が置かれた四畳半の房のなかに、六〜七人が入れられ、多い時には一〇人もが入ったという。課されていた便器掃除をする際には、二〜三名が一括りに縄で縛られ、引き立てられていった。三度の食事もひどく、シラミや蚊に悩まされた。嘔吐する病人が出ても、別部屋があてがわれなかった（稲田『自由民権の文化史』）。

堀川監獄に入った民権家の天野政立《まさたつ》も、一畳の広さに三、四人が寝る状態であり、ひどい場合には、便所と水場のわずか一・八メートルほどの間に八人が一枚のせんべい布団に雑魚《ざこ》寝《ね》する状態であったと記している（色川大吉『流転の民権家　村野常右衛門伝』）。

それでもなお、監獄を出ると、民権家は再び運動を開始する。新しい時代が始まり、これまでとは異なる政治をこの手で創りうることが民権家の活動のエネルギーとなり、柔軟で多様な民衆への働きかけを生み出していった。

激化事件の頻発

秩父事件が起きる直前の自由民権運動は、どのような状態だったのだろうか。この時期の民権運動は、すでに大きな目標を勝ち取ったあとだった。民権運動の高まりを受けて、政府内でも国会開設は避けられないという意見が強まった。しかし、国会を開設するにしても、立憲君主制をとるか議院内閣制をとるかで政府内は二分していた。

そうしたなか、一八八一年（明治一四）に官有物払下げ事件が発覚したことで、民権運動による政府批判はいっそう高まった。これを機に国会開設をめぐる政府内の対立も激化した。その結果、大隈重信《おおくましげのぶ》が下野し（明治一四年の政変）、国会開設の勅諭が出されて一〇年後に国会が開かれることになった。

国会の開設が決まったことは紛れもなく民権運動の成果であったが、同時に運動が統一的な目標を見失う契機にもなった。民権運動にとって次なる手は、国会が開かれた時を想定して、政党を結成することであった。板垣退助を中心とする自由党、明治一四年の政変で下野した大隈重信を中心とする立憲改進党などが結成された。

しかしながら、改正集会条例は、政治結社の支部の設置を禁じており、全国的な組織づくりが困難であった。さらに政府は、自らのイニシアティブで憲法を制定すべく伊藤博文《ひろぶみ》をヨーロッパに派遣した。その一方で、板垣退助を外遊させるなどして自由党の切り崩しを図った。党内でも対立があり、自由党は解散するにいたる。秩父事件の直前のことである。

党の中核を失い、方向性が定まらぬなか、福島事件(一八八二年)・高田事件(一八八三年)・群馬事件(一八八四年)・加波山《かばさん》事件(同)など、自由党が何らかの形で関わった激化事件が頻発した。本章で扱う秩父事件も、その一つに位置づけられてきた。

2　自由民権運動か、負債農民騒擾か

秩父困民党と自由党の関わり

それでは、秩父事件に自由党はどのように関わっていたのだろうか。秩父困民党の中心メンバーには確かに自由党員が含まれていた。秩父地方の自由党員三〇人ほどのなかで、蜂起に参加した者は半数ほどであった。また蜂起の主導的人物(約一〇〇人)のなかには、自由

党員ではない者が圧倒的に多く、蜂起参加者の全体で見れば、自由党員の比率はさらに低くなる（井上幸治『秩父事件』）。

秩父困民党は、高岸善吉・落合寅市・坂本宗作らが中心であったが、三人とも農民で、賭博仲間でもあった。彼らは一八八三年（明治一六）の末から、郡役所に高利貸への説諭を願い出ていたが、翌年に三人は自由党に入党したという。一八八四年（明治一七）八月、春蚕《はるご》の不作と松方デフレによる低価格によって農家の困窮が深刻化すると、困民党は活動を活発化させ、組織の強化を図った。

一つは、困民党の総理として、田代栄助を迎えたことである。田代栄助は農村のなかでは富裕層にあたる。彼もまた博徒で、「人の貸借上、その他の事実に仲裁等をなし居れり」と供述しているように、紛争解決の仲介役を担う顔役的存在であった。「自分は生来、強きを挫き、弱きを扶《たす》くるを好み、貧弱の者便り来る時は附籍致させ」といい、血縁関係にない者でも生活の面倒を見ていた。子分は二〇〇人以上いたと自称している。

事実関係の確定は困難であるが、このような親分肌と結集力、そして義理人情を重んじる気質などが、民衆の蜂起に欠かせない要素であった。

田代栄助を迎えた秩父困民党リーダーは、九月七日、以下の四ヵ条の方針を決定した。

①高利貸のため身代を傾け、生計に苦しむもの多し。よって、高利貸に対して、借金の一〇年据え置き、四〇年賦返済を乞うこと。
②学校費を払わなくてすむように、県庁に対して三年間の休校を求めること。
③雑収税の軽減を内務省に求めること。
④村費の軽減を村吏に迫ること。

特に①の要求は、秩父困民党の主眼であったといわれる。借金を一〇年据え置きにし、四〇年かけて返済するという要求は、現在の感覚からすると、かなり法外な要求にも思える。②〜④の要求も含め、経済的な負担の軽減に集中した要求であった。

九月末に秩父地域の二八ヵ村の代表者が大宮警察に対して高利貸を説諭するように願い出、さらに一〇月初めには債権者への個別交渉に入った。しかし要求が受け入れられず、債権者が法的手段に訴えて、公権力による返済要求に入ると、困民党は蜂起を決定したのである。

秩父事件は自由民権運動か？

このように、事件直前には党が解散していたものの、秩父困民党の中心メンバーに自由党員がいたことは確かである。そのため、秩父事件は自由民権運動の一端に位置づけられてきた。特に井上幸治は、士族や豪農層にとどまらず、貧農までもが参加していることを重視して、秩父事件を自由民権運動の「最高の形態」と評価した（『秩父事件』）。

しかし、この評価は本当に妥当だろうか。前章で見たように、蜂起のきっかけを作った人物の意図だけで、民衆の暴力行使が成り立っていたわけではない。新政反対一揆に参加した人びととの意識が複合的であったことからすると、秩父事件もリーダー層とは異なる意識で参加した人びとが多かったと予測できる。

そもそも、秩父困民党の要求内容は、借金返済の猶予や学校の休校など、政治の近代化を図る自由民権運動との関わりが薄い。秩父事件を自由民権運動の一端に位置づけるだけでは、圧倒的に数の多かったその他の参加者が暴力をふるった論理を見過ごしてしまうのではないか。

こうした問題関心から、一九八〇年代以降、社会史的な視点から研究が進められ、秩父事件を自由民権運動の一環として捉えるのではなく、近世の世直し一揆との連続性で捉えるべきだと提起された（稲田雅洋・鶴巻孝雄・牧原憲夫）。つまり、秩父事件に参加した人びとは、権利や自由といった近代的な概念に則って行動したのではなく、近世から続く伝統的な論理で動いていたというのである。

確かに秩父事件の要求のうち、最初の項目は世直し一揆で掲げられた要求に近い。世直し一揆でも無利息二〇年賦などの要求が掲げられていた。中心メンバーに自由党員がいたとしても、多くの農民たちにとって、秩父事件への参加は世直し一揆への参加と同じような感覚だったのではないか。

近代化が進むなかで、自由や権利といった概念を受容した層と、伝統的な近世の感覚を維持していた層とが、ともに行動を起こした。その結果が秩父事件なのではないか。これが社会史的観点からの問題提起だった。

伝統的な金融慣行

それでは、その伝統的な感覚とはどのようなものであったのだろうか。これまでの研究では、現在の金融とは異なる負債整理の独特な慣行が地域にあり、貧窮に陥った際に温情的な措置があり得たことを指摘している。

そもそも近世には、土地を担保に借金をした場合、借金を返済できずに土地の名義が貸主(地主など)に移ったとしても、期限後に遅れて返済すれば、その土地が借主に戻る慣行があった。

それに加え、秩父地方には破産した農民の借金を村で処理する措置である「片付《かたづけ》」という慣行があったという。有力農民が借金の棒引きなどをして、代わりに抵当に入っていた土地をその有力農民が所有するようなことが行われていた（佐藤「激化事件」）。

北相模地方では、豪農からの借金が返せない時には、最低限の衣食住を除いて家産・家財を売り払い、たとえその総額が元金・利息に足りていなくても、借金が棒引きされる慣行があったという（稲田雅洋『日本近代社会成立期の民衆運動』）。

この場合、債権者は元本を回収できなくても、借金の棒引きの申し出に応じるほかなかった。そうしなければ、共同体から欲深いと批判にさらされるからである。最低限の衣食住が成り立つように生活を保障する、共同体内の人びとが生活を維持できるような慣習といえる。

こうした慣行の根底にあるのは、富者や治者には共同体の人員の生活を保障する責務があるという考え方である。治者が百姓成立の責務があると考えられていたのと同様に、富者も共同体の生活が成り立たなくなるほど富を追求することは不徳だと見なされていた（牧原憲夫『客分と国民のあいだ』）。

身代限り処分

しかし、近代化が進むと、こうした為政者・富裕者が持つべき規範とはかけ離れた負債整理の方法が導入される。

一八七二年（明治五）には糶《せり》売りという処分が行われることになった。糶売りとは公売のことで、借金の返済が滞り、訴訟になった場合、担保を公売にかけて借金を回収することになる。

国家権力による処分のために猶予がないうえ、担保となった土地が所有者や耕作者以外の第三者の手に渡る可能性が生じたところに、これまでの慣習との大きな違いがあった。

また、近代国家による税の徴収は期限が明確であり、それを過ぎて納税されなければ、「身代限り」の処分を受けた。今でいう自己破産である。

土地などの財産は押収され、競売にかけられる。土地の所有権と耕作権が一気に奪われた。この松方デフレ期には身代限りに処された人数が急増した。一八八一年に全国で約七八〇〇件だった処分件数は、八二年には約一万二〇〇〇件、八三年には約二万二〇〇〇件、八四年には約二万七〇〇〇件に増加した（稲田『日本近代社会成立期の民衆運動』）。

公権力によって全財産が没収され、かつデフレ下にあって土地の価格が下落しており、競売にかけても元本割れが生じてしまうためである。この場合も、債権者は必ずしもその地域の豪農層ではなく、私立銀行や金融機関などの近代的な企業であり、期日までに返済ができないと裁判所によって処分が執行された。

人びとの生業を成り立たせることへの配慮がなされずに、土地を失い、小作農となる農家が急増したのである。富裕者・治者にあるまじき、無慈悲で徳のない裁きが蔓延したといえる。

このように考えると、秩父事件で、農民が法外とも思える要求を掲げて蜂起したのは、近世以来の慣習がベースにあったためといえる。自由民権運動の一環と捉えると、この点を見過ごすことになりそうである。

秩父事件は負債農民騒擾か？

社会史的研究が注目したのは、秩父事件と同時期に、関東周辺の養蚕地帯で集中的に起きていた負債農民騒擾という事象である。負債農民騒擾は、借金の返済が不能になった農民が、借金の据え置きと延納などを求めたものである。たとえば、負債民が集まり、貸主や戸長のもとに押し掛け、借金の一〇ヵ年賦を要求するなどした。負債農民騒擾は、一八八三〜八五年の間に全国で六〇件以上を確認できるが、その約七割が秩父事件と同じ一八八四年に起きている（稲田『日本近代社会成立期の民衆運動』）。

先述した事件前夜の秩父困民党の高利貸への交渉は、まさにこの負債農民騒擾に当てはまる。さらにいえば、集団で押しかけて要求を突きつける方法は、序章で見た強訴と類似する。

その一方で、本書での観点からすると、世直し一揆と類似した要求を掲げながらも、負債農民騒擾が打ちこわしや放火といった暴力行為に出ていないことが不思議に思える。

実際、負債農民騒擾の大きな特徴は、暴力化したケースがほとんどないことだった。先に挙げた六〇件以上という数字には、集合を呼びかける張り紙があっただけのものから、実際に暴力的な蜂起に発展した秩父事件まで含まれているが、多くは、戸長などのもとに押し寄せたとしても、巡査の説諭によって解散している。

負債農民騒擾のなかで、蜂起にまで発展したのは、秩父事件と群馬事件のみであり、ごく例外的であった。この二つとも、自由民権運動が関わった事件である。そうだとすれば、やはり秩父事件は、自由民権運動との関わりがあったからこそ起きたのではないだろうか。

「世直し」一揆との類似性

この点について社会史的研究では、蜂起の参加者が自由党のことを「世直し」と捉えており、そこから正当性を得て暴力が可能になったのだと説明する。

当時の神官であった田中千弥《せんや》は、蜂起の計画を次のように伝え聞いている。「東京に上り、板垣公と兵を合し、官省の吏員を追討し、圧制を変して良政に改め、自由の世界として、人民を安楽ならしむべし」(『田中千弥日記』)。

上京して板垣退助の兵と合流し、現政権や官吏を倒して、良い政治が行われるようにする。実際には板垣退助によるクーデターの動きはないのだが、一般参加者にそのように想像され理解されていたらしいことが注目に値する。「板垣公」による「世直し」に参加するという認識をもって蜂起に参加していた可能性がここからは読み取れる。

蜂起参加者にとって、「板垣公」や「自由」とは、眼前に広がる生活苦を一掃して「安楽」をもたらしてくれる存在であった。このことは、訊問調書で参加者が、「村内久保田鷲五郎より申聞候には、自由党なるものは倅を徴兵に出さずとも済むもの故、加入しては如何と相談有之」（飯田米蔵第二回尋問調書、『秩父事件史料集成』1）と供述していたり、「自由党は学校を廃し、又租税を減ずるには多人数暴挙し、県庁郡役所及び警察署を打毀すの目的にて、借金党は戸長役場の公証簿及び金貸方の証書を焼棄て、無済にする目的なり」（新井福太郎尋問調書、同前）と供述していることからもうかがえる。

自由党は徴兵制度や学校を廃止してくれ、租税を軽減し、借金をなかったことにしてくれる。そのようなメシア的な存在として農民たちの一部は自由党を理解していた。日本近代史研究者の松沢裕作はこれを、参加すれば解放されるという「参加＝解放型」の幻想と呼んでいる（松沢裕作『自由民権運動』）。自らの力では何ともできない苦しい現実世界を生きていると、そこから一挙に解放されたいという強い衝動が生まれる。そうした願望・衝動に突き動かされて、人びとは蜂起に加わったと思われる。ええじゃないかや世直し一揆に通じる願望といえる。

このように、秩父事件のなかには自由民権運動という枠組みだけでは捉えきれない要素があった。先端的な部分であった自由党員だけでなく、蜂起に参加した大多数の農民層の独自の論理に着目すると、リーダー層に付き従ったというだけではない農民像が浮かび上がる。

3　国家に対抗することの困難

最終手段としての蜂起

しかし、この議論にも疑問が生じる。秩父事件を世直し一揆の延長線上と位置づけるだけでよいのだろうか。秩父事件に近世的な要素を見出せたとしても、民権運動の接触があってこそ民衆が蜂起できたことを考えると、時代状況の移り変わりを、いま一度考慮する必要がありそうだ。一般参加者の独自な論理を前提としつつ、蜂起が成り立ったプロセスをもう一度考えてみたい。

安丸良夫は秩父困民党が蜂起の前に個別交渉を重ねており、それらが挫折したあとに最後の手段として暴力行使を選択したのだと強調している（『文明化の経験』）。先述のように、農民たちを蜂起にまでまとめあげたのは、田代栄助のような博徒のもつ強烈なリーダーシップのある人物であったが、その田代自身は、何度も蜂起の延期を主張していた。

蜂起は国家権力との直接的な対峙を意味し、そうなれば勝ち目がない。栄助は「貧民は独り埼玉県に止まらず何県に於ても同様の事なれば、速に同意を表し、貧民を拯《すく》うに尽力せられよ」と迫られたために、「諸君何れも一命を棄て万民を救うの精神なれば、速に尽力せんと申答えたり」（第一回田代栄助尋問調書、『秩父事件史料集成』1）と供述している。つまり、蜂起をするのであれば命を捨てる覚悟が必要であり、その覚悟を同志に確認したうえで、蜂起に同意したのである。田代は、蜂起が死につながることを理解しており、だからこそ可能な限り蜂起の回避を模索していたのだと安丸はいう。

新政反対一揆や西南戦争が軍隊によって徹底的に鎮圧されたという事実が、この時期の蜂起に強く影響していた。蜂起の前に秩父困民党が度重なる個別交渉を行い、戸長・郡吏・警察の仲裁・鎮撫を受けていたこと自体、新政反対一揆のような突発的な暴力が起こしにくくなっている状況にあったことを示している。民衆が暴力行使に出た際に、いったいどのような結末になるか、少なくとも秩父困民党のリーダー層にはよくわかっていた。

彼らの覚悟は、秩父困民党の組織形態にも現れていた。蜂起の参加者は竹槍や銃で武装していたが、それ自体は新政反対一揆でも見られた。しかし新政反対一揆と大きく異なるのは、彼らが軍隊を模した組織を作っていたことである。総理・副総理・会計長のほか、小隊長・参謀長、甲乙の大隊長・副大隊長が設置され、各村の小隊長と銃隊長が定められていた

（『秩父事件史料集成』1）。

これから対抗しなければならない国家権力と類似の組織作りをしていたのだと思われる。百姓一揆的な方法で動員をかけつつ、明確に近代国家との対決を覚悟し、軍隊を模した組織作りで対応する。蜂起してももはや仁政は施されないこと、交戦しても軍事力では敵わないこと。この二つを知っていたからこそ、田代はギリギリまで蜂起をためらったのである。

軍律をめぐって

秩父困民党は蜂起に際し、五ヵ条にわたる軍律を定めていた。

第一条　私に金円を掠奪するものは斬に処す
第二条　女色を犯すものは斬
第三条　酒宴を為したるものは斬
第四条　私の遺恨を以て放火その他乱暴を為したるものは斬
第五条　指揮官の命令に違背し、私に事を為したるものは斬

このように、個人行動に走らぬように、統制を取ることを目指した。軍律のなかで「女色

を犯す者」が罰則の対象となっている点に注目したい。女性との性行為（ここには性暴力も含まれると思われる）を禁じているのは、蜂起のプロセスでその可能性を中心人物が感じていたためだろう。

序章で見た百姓一揆の掟のなかに、このような条目は含まれていなかった。第1章で扱った新政反対一揆では、性行為について記した史料は見当たらない。

しかし、筑前竹槍一揆の一ヵ月後に、福岡県が一揆参加者を探す目的で、次のような捜索リストを出している（石瀧豊美「「解放令」から筑前竹槍一揆へ」『明治初年解放令反対一揆の研究』）。

一　党民発頭之者
一　県庁ならびに官員居宅・布告掲示場ならびに人家共打崩したるもの
一　官舎ならびに旧穢多村等放火したるもの
一　でんしんきを断切しもの
一　強盗・強姦なしたるもの
一　党民に誘《さそ》引《わ》れ、無レ拠同行したるもの
一　窃盗をなすもの

一　党民と知りつつ隠し置くもの

前章で述べたとおり、県庁の破壊や被差別部落への放火、電線の切断などは、他の記録でも確認できる。「強姦なしたるもの」だけが、実際に起きていない出来事だとは考えにくい。女性への性暴力は史料に記されにくいが、新政反対一揆のなかで起きていた可能性は否定できない。

幕藩体制の崩壊とともに、民衆暴力の形態も変化を見せていた。秩父困民党が軍律で「女色を犯すこと」を禁じたのは、そうした変化の反映だと思われる。同時に、蜂起のなかでの民衆の暴力行使が、権力だけに向かうとは限らないことを暗示してもいる。

国家との対決

そのように認識しながら、田代が蜂起に踏み切った理由は何だったのか。秩父事件を民衆の暴力行使の観点から再検討した中嶋久人は、田代の意に反して、秩父困民党の一部が警察との暴力的な衝突を始めたことを指摘している（「自由党と自衛隊」『暴力の地平を超えて』）。

蜂起前夜の一〇月三一日には下吉田村で高利貸などの打ちこわしが起こり、地券証書などを焼却した。一一月一日朝に警官二〇人が鎮圧のために派遣されると、困民党はこれに発砲、警官一名を殺害して首をはねた。巡査をかくまった農民もさらし首にしたという。

これに対して、警察隊も困民党員を殺傷し、暴力の応酬となった。この日の夕方、人びとは下吉田村の神社に集結し、田代のもと、武装蜂起の組織が結成されたのである。

その後、困民党軍は大宮郷に向かい、警察署・裁判所・郡役所を襲撃し、高利貸に放火するなどした。その後皆野村に向かったが、一一月三日には憲兵隊が、四日には東京鎮台兵が派遣され、困民党を包囲する。この時、田代は徹底抗戦を試みず、逃走することを指示した。軍隊と交戦しても死者を出すだけだと認識していたためだと思われる。

だが、本陣が解体したのちも、困民党の一部は周辺の村々を動員しながら高利貸などの打ちこわしを続けた。一隊は北進して児玉郡に向かい、四日夜に鎮台兵と交戦した。もう一隊は、屋久峠から群馬県南甘楽郡へと入り、十石峠を越えて長野県南佐久郡まで進んで、高崎鎮台兵と交戦した。行軍は広域にわたったが、九日には終息した。

軍隊などとの交戦による死者は三〇人以上にのぼった。このうち、本陣が解体したのちの交戦による死者が二〇人以上を占める。田代が認識していたとおり、軍隊との交戦は勝ち目がなかった。それでも、困窮した現状からの打開を願う人びとのエネルギーは、押しとどめようがなかった。

蜂起への参加による処罰者は約四〇〇〇人を超えた。埼玉県での検挙者のうち、重罪となったのは約三〇〇人。田代をはじめ、高岸善吉・坂本宗作ら七人は死刑となった。田代は山中を逃げたが、持病などのため下山し、次男や知人の家に泊まり歩いているところを逮捕された。中心人物の一人であった井上伝蔵の逃亡は、三五年にも及んだ。欠席裁判で死刑判決が出たが、北海道にわたって偽名で生活し、死の直前に家族に秩父事件への関与を打ち明けたとされる（井上『秩父事件』）。

水面下で蓄積する憤怒

なぜ、秩父困民党の一部は、田代栄助の意図を超えて暴力行使を始め、巡査の首を切断するという行為に出たのだろうか。この点を考えるために、秩父事件と同時期に武相地域で結成された、武相困民党の動向を参照してみたい。

武相困民党は、須長漣造《すながれんぞう》を中心に利子の減免要求や五〇年賦返済を粘り強く繰り返したことで知られる（色川大吉『困民党と自由党』）。高利貸が法と権利を盾にして無慈悲な処分をするのに対し、県令・県吏への仲裁を求める交渉をしている。それでも話はまとまらず、県庁に向けてデモ行進をしたところで、警察に兇徒聚衆罪で一斉検挙された。しかし、この時も武相困民党は、武器を持たず、蓑笠を着用していたという。

このように、武相困民党の一連の運動はあくまで交渉をベースとしており、秩父困民党のような蜂起は意図されていなかった。それでも、秩父事件が起きたあとだけに、集団での強訴は、警察によって取り締まられたのである。

武相困民党の史料のなかには、須長の書き付けが残っており、そこには次のような有名な下りがある（『日本近代思想大系』21）。

私立銀行・金貸会社においては、これまで窮民を圧倒する甚だしく、その返報（報い、仕返し）としては（一時に来す土崩瓦壊は、この掌を返すに似たり）一夜のもとに建造物は灰燼となし、一時のうちに斬に処し、骸は街の梟首に掛け、遺体は原野に鳥獣の腹を肥やし、その心地よきを見て、初めて懐復の志望を起こすものなり。

民衆の生活が成り立たなくなるほど富を集中する高利貸には、建物を打ちこわし、高利貸を処刑し、さらし首にして、獣に食わせたい。暴力を用いなかった須長にあっても、民衆の生活を顧みない高利貸や県庁に対して強烈な憤怒を抱き、自らのなかに暴力の衝動を自覚していたことが見て取れる。

秩父事件の際には、実際に警官の首が切られていた。須長と同じ激しい憤怒を、秩父困民党のメンバーは公権力や高利貸に抱いていたと推測できよう。暴力化する／しないにかかわらず、負債農民騒擾には、貧困を誰も救おうとしない世の中に対する激しい憤怒が込められていたのである。

しかし同時に、これほどの憎悪がありながら、須長は暴力に訴えなかったことも重視する必要がある。新政反対一揆の時期とは異なり、これほど追い詰められていても、暴力を自制しなければならなかった。武相困民党ばかりでなく、負債農民騒擾のほとんどが警察による説諭で終わったことは、先に述べたとおりである。一八八〇年代という時代には、警察権力を含め、暴力の正当性が国家に集中していることがうかがえる。

新たな民衆暴力へ

秩父事件は、あるべき仁政が行われないことに対する怒りや、自由党に幻想的な解放を求める民衆の願望が混ざり合って起きた暴力行使であった。しかし、すでに暴力の正当性が国家に集中しており、蜂起しても国家の暴力装置によって鎮圧されることは民衆レベルにも認知されていた。

訴願による仁政要求が認められず、暴力行使もできなくなるとしたら、問題解決の手段は何があるだろうか。この点について、安丸良夫は、秩父事件後に武相地域の村々で県からの指示により節倹法が作られたことに着目している。

ある節倹法の冒頭では、「昨年以来、物価が日を逐て底落し〔中略〕この時に際し、これを挽回するの術、実に節倹と勤労とをおいて他にもとむるものあらんや」と明記されている（『三多摩自由民権史料集』下）。松方デフレによる生活の困窮を挽回するのは、個々人の節倹と勤労のほかにないというのである。具体的には次のような条項が記されている（同前）。

一　冠婚葬祭等は、親類・隣家に止め、他の交通を謝絶し、最も簡易を旨と致すべき事

一　家宅・土蔵・物置・其他の普請に際し、親類ならびに隣家などよりの手伝人へは一切酒を禁止し、かつ棟上の節、餅投禁の事

冠婚葬祭は最小限の人を招き、できる限り簡素にすること。家などを建てる際にも、酒を禁止し、棟上げの時に餅を投げる慣習を禁じること。こうした日常生活の祝祭を可能な限り質素・簡略化し、浪費しないことで、貧困に備え、景気変動に耐えられるようにする。これが節倹法の趣旨であった。

しかし先述したように、松方デフレは、政策上つくり出されたものであった。そこでの困窮はこうした個人のささやかな努力だけで乗り越えることは困難である。にもかかわらず、このような節倹法によって、貧困の原因が個の生活態度の問題に還元されるようになる。松

沢裕作は、通俗道徳によって、貧困が自己責任と捉えられるようになる仕組みを、「通俗道徳のわな」と呼んでいる（『生きづらい明治社会』）。

序章では、通俗道徳が荒廃する農村を立て直すための思想として、近世後期に民衆のなかに浸透していったことを確認した。その通俗道徳は、明治期になると、このように公権力による統治のイデオロギーとして用いられた。自己責任の世界の到来を、「抑うつ的で緊張にみちた〝近代〟というものが、人びとの生を全面的に規制しはじめた」と安丸は表現している（『文明化の経験』）。

しかし同時に、序章では、通俗道徳が浸透する一方で、そこには収まりきらない人びとの解放願望やエネルギーが、遊び日の増加という形で現れたことも確認した。節倹法は確かにかつての遊び日を禁止・抑制し、通俗道徳的な節倹・勤労を促すものであるが、だとしても、人びとの解放のエネルギーが消えてなくなるとは考えにくい。あるいは、須長が抱えていたような、表面化しないまま蓄積した憤怒は、その後どこに行くのだろうか。

結論からいえば、こののち、やはり通俗道徳では収まりきれないエネルギーが源泉となって、新たな民衆暴力が大都市で登場することになる。日比谷焼き打ち事件がそれである。次章で詳しく見ていきたい。

第3章　都市暴動、デモクラシー、ナショナリズム

1　日比谷焼き打ち事件を読みとく

近代都市を舞台に

この章ではさらに時代をくだり、二〇世紀初頭に起きた大都市での暴動を取りあげる。日露戦争の終結にあたって起きた日比谷焼き打ち事件である。

事件が起きた一九〇五年（明治三八）九月五日は、日露戦争の講和条約であるポーツマス条約が調印される予定だった。この日の昼に日比谷公園で、講和条約の破棄を求める国民大会（政治集会）が開かれた。参加者は二、三万人といわれる。

この国民大会の開催に端を発して、東京市内にまで広がる暴動が起きた。たった二晩で東京市内の警察署二ヵ所、分署六ヵ所、派出所・交番所二一四ヵ所が焼失したとされる（松本

武裕『所謂日比谷焼打事件の研究』)。放火にまでいたらずとも襲撃の対象になった派出所を含めると、その数はさらに多くなる。鎮圧のために、五日の夕方から軍隊が出動し、七日には戒厳令が一部施行された。

本章で日比谷焼き打ち事件を取り上げるのは、近代のなかでどのように民衆の暴力が起きたのか、という点を考えるためである。特に二〇世紀に入る転換期の日本は、国家の対外膨張と産業化の進展のただなかにあった。

第1・2章で取り上げた民衆暴力は、近世から近代への移行期にあり、百姓一揆や世直し一揆の影響が強かった。しかし政治・社会のあり方が大きく変化した二〇世紀初頭の大都市で、民衆の暴力はどのように湧き上がったのだろうか。

まずは時代状況を確認しよう。

日本は明治初年の段階から東アジア地域に進出しはじめ、明治中期には朝鮮半島での内乱への介入を幾度も試みた。一八九四年(明治二七)に日清戦争、一九〇四年(明治三七)には日露戦争を起こした。日露戦争は日清戦争に比してはるかに規模が大きかった。動員兵力は地上戦で一〇九万人にのぼり、戦死者は約八万四〇〇〇人といわれるが、これらはそれぞれ日清戦争の約四・五倍、六・五倍にあたる。戦費は約二〇億円にもなった。明治初年に徴兵制度に反対する一揆が起きたことは、第1章で述べたとおりである。それから三〇年ほどで、日本は大規模な対外戦争を遂行するにいたったことになる。

産業面では、日清戦争期に繊維工業が、日露戦争期に鉄鋼などの重工業が大きな進展を遂げたことはよく知られている。こうした新たな産業の発達は、都市部を中心に社会のあり方を変えていった。また、戦争報道への強い関心から、メディアが急速に発達し、新聞・雑誌の購読者数は飛躍的に伸びた。

政治面でいえば、自由民権運動に突き動かされるように一八八九年（明治二二）に大日本帝国憲法が制定され、帝国議会が開設されたが、衆議院議員選挙法では高額納税者の男性のみに選挙権が与えられ、有権者は全国の人口の一～二％にとどまった。したがって、日清・日露戦争期の男性の多くは、二つの戦争を乗りきるための兵役・納税の義務を負う一方で、選挙権がなかったのである。

こうしたなか、日露戦争が終結する際に首都東京で起きたのが、日比谷焼き打ち事件であった。

「暴動」を読み替える

もはや一揆と呼ぶにはふさわしくないこの民衆暴力を、本書では「暴動」と呼ぶことにする。研究上は「都市民衆騒擾」という表現を使ってきたが、「騒擾」という言葉は、現代では馴染みが薄すぎる。「暴動」も「騒擾」も、民衆の暴力行使をネガティブな現象として名指す用語であり、行為者の論理を理解しようとする本書の意図からはふさわしくないようにも思える。

しかし「抵抗運動」「反乱」と呼べば、問題が解決するわけではない。それらは権力への対抗をポジティブに評価する用語ではあるが、街頭で暴れていた人びと自身がそのような目的意識をもって立ち上がったとも限らない。ネガティブかポジティブかは異なるとしても、外側から意味を与えているという点で、「抵抗運動」「反乱」の語も「騒擾」の語と同じ問題をはらんでいる。

現象を名指す言葉は、常に現象からずれ続ける。ならば、「暴動」という語でひとまず対象化し、その語に含まれるネガティブな意味を、行為者の論理に即して読み替えるのが有効な方法だろう。権力側からネガティブに見なされる行為を人びとが敢えてしたことの意味を考えることで、当時の現象を理解できるばかりでなく、現在「暴動」と呼ばれる現象の見方も変わってくるに違いない。

都市暴動は「デモクラシー」か？

戦後の歴史研究は、日露講和反対運動とそれに端を発した日比谷焼き打ち事件を、「大正デモクラシー」の出発点と位置づけてきた。日露講和反対運動は排外主義的な性格が強かったが、藩閥専制政治に対して全国的に起こった政治運動であった。そこから湧き起こった暴動は、未熟な形態ではあるものの、民衆が示威運動をした点で政治的な覚醒であり、その後の民本主義思想や労働運動・組織運動へとつながる、というのが通説的見解であった。

大正デモクラシー史研究が盛んに行われたのは、学生運動や市民運動が活発であった一九六〇・七〇年代であった。同時代的な問題関心から、歴史のなかに民衆の政治的なエネルギーを見出そうとしたのである。

しかし、これまでの章で培った観点を都市暴動に向けてみると、さまざまな疑問が湧く。派出所に放火する行為や後述のようにキリスト教会を燃やすことは、どのような意味で「デモクラシー」なのだろうか。第２章で見たとおり、秩父事件は自由民権運動に付随して起きたが、運動とは異なる論理で人びとは蜂起に参加していた。日露講和反対運動とその後の暴動についても、同じような関係にあると考えられる。

暴力をふるった人びとには、国民大会を開催した政治団体とは異なる、独自の論理があったのではないか。デモクラシーという価値付けをする前に、暴力の論理にアプローチすることが重要となる。こうした観点から、以下では日比谷焼き打ち事件の経過と特徴を見ていきたい。

国民大会当日の様子（『東京騒擾画報』より）

政治集会から暴動へ

九月五日の最初の暴力行使は、国民大会の直前に日比谷公園で繰り広げられた警官と群衆との衝突から始まった。警視庁は前日に国民大会の開催禁止を決定していたが、当日は午前中から多くの人びとが日比谷公園に集まりはじめた。制止しきれなくなった警察は、木柵を設けて公園の正門を封鎖した。この封鎖に対して、人びとは猛然と抗議し、警官に向かって罵声を浴びせ、石を投げるなどした。

国民大会終了後、参加した人びとの多くは、政府の御用新聞と批判された『国民新聞』を発行する国民新聞社を襲撃し、屋内の機材や輪転機を破壊した。一方、日比谷公園を出てすぐの場所にあった内務大臣官邸でも、警官との大規模な衝突が起こった。窮地に陥った警官がサーベルを抜いて人びとに斬りつけたことが、事態を激化させた。これを契機として、人びとが内相官邸の敷地内にある建物に放火するまでに発展したのである。

夕方過ぎに軍隊が出動することで、七時間にわたる内相官邸前での攻防は終わったが、それでも人びとの暴力行使は止まらなかった。内相官邸付近の派出所に放火したのを皮切りに、芝区（現在の港区）方面に向かった一団、京橋区から深川・本所区へと向かった一団、同じく京橋区から日本橋・神田区方面に向かった一団に分かれて、大通り沿いを中心に派出所を次々と襲撃したのである（地図）。

五日に始まった警察の焼き打ちは夜明けとともに一旦収束したが、六日の日中から再び内相官邸で警官との衝突が起き、そこから路面電車の破壊と放火が始まった。座席の布を破り、中綿に石油を撒いて火を付けると、たちまち炎があがった。人びとは計一一台の車両に火を付け、ワッショイのかけ声とともに、燃え上がる車両を内相官邸付近に移動させた。

六日には、浅草公園周辺のキリスト教の教会が焼き打ちされ、浅草区・本所区・下谷区・日本橋区の教会が襲撃された。日本基督教会の機関紙『福音新報』の報告によれば、教会と関係建物一二ヵ所が襲撃され、八ヵ所が焼き打ちされた。

街頭を移動する暴力

政治集会で参加者と警官が衝突することは、現在でも起こりうる。しかし、日比谷焼き打

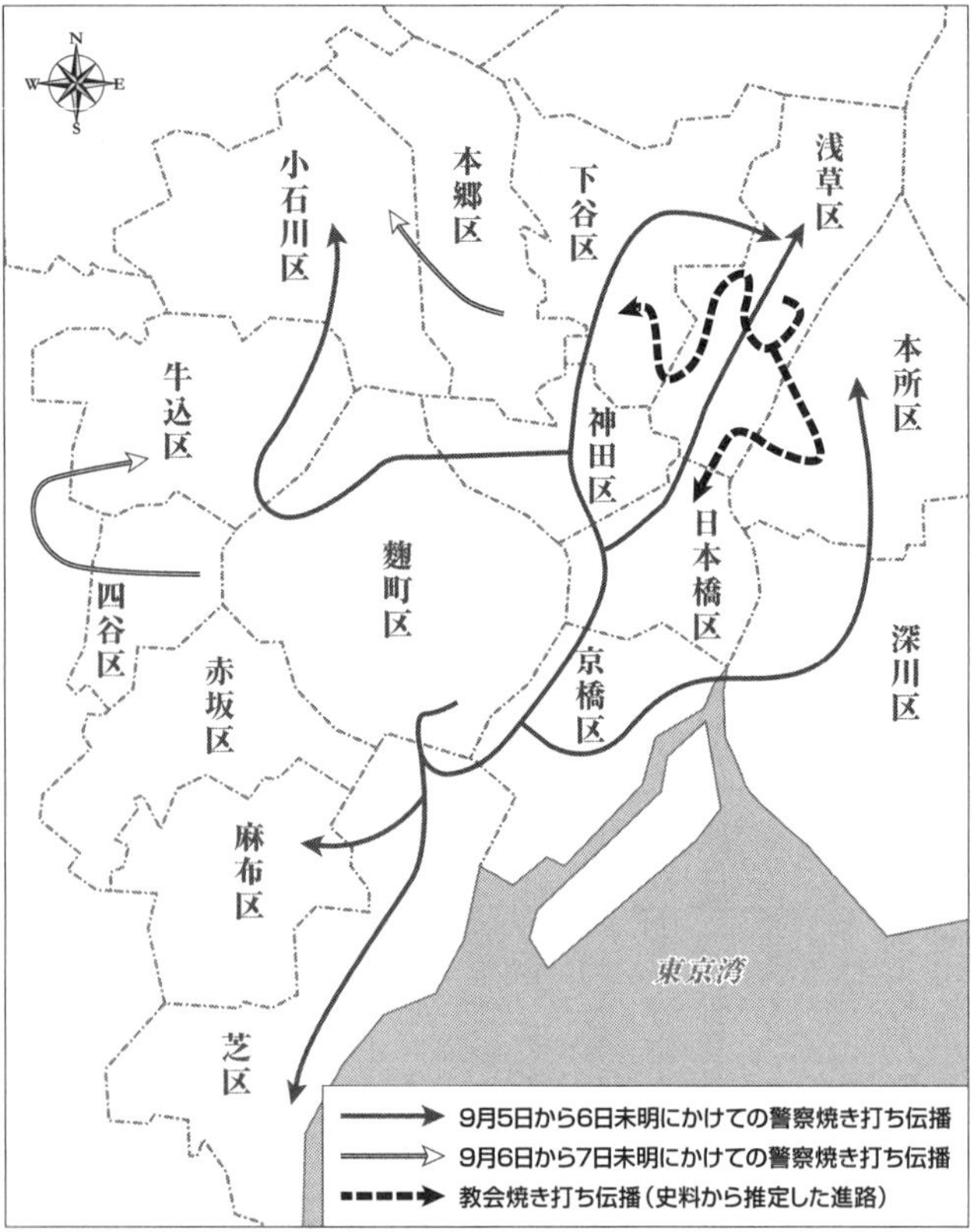

日比谷焼き打ち事件の進路（藤野裕子『都市と暴動の民衆史』の地図をもとに作成）

ち事件で特徴的なのは、警官との衝突で始まった民衆の暴力行使が一ヵ所にとどまらず、東京市内を大きく移動した点である。派出所・警察署・キリスト教会の破壊・放火が何区にもわたって広がった。

それでも、暴動の場は決して無秩序ではなかった。新聞や判決文には、住宅と接している場所で派出所を焼き打ちしようとした際、近隣の住民から類焼の可能性を指摘されたところ、派出所内部の器材を破壊し、それらを大通りまで運んで燃やしたと記されている（『都新聞』九月七日）。暴動に参加した人びとは、路上でやみくもに暴れていたわけではなかった。近隣住民と最低限の合意がとれる範囲で暴力をふるっていたのである。

もう一つ重要なのは、焼き打ちが広がるにつれ、焼き打ち集団には、暴動の発端であった国民大会に参加していない人が含まれていたことである。派出所の焼き打ちが起きたことを聞きつけて見物に行き、集団に付いていくうちに、自らも積極的に破壊しはじめるパターンである。その一方で、離脱者も多かった。判決文で被告の行動をたどると、多くの参加者は焼き打ちに加わった区の隣接区で行動を終えている。

つまり、焼き打ちの集団はメンバーが徐々に入れ替わりながら、東京市内を移動していったのである。焼き打ちという行為が、異なる人の手から手へとリレーされるように、東京の街路を移動していった。

近世の百姓一揆や新政反対一揆、秩父事件では村単位で参加者が動員されたことは、前章までに見てきたとおりである。これに対し、日比谷焼き打ち事件の大きな特徴は、屋外での政治集会によって群衆状態がつくられたのを機に暴力行使が始まり、人員を替えながら焼き打ちがリレーされていった点にある。見知らぬ者同士の、その場限りの集団だけに、結束力は弱かった。警官の説諭によって解散するケースも見られた。反対に、警官がサーベルを抜いて焼き打ち集団を鎮圧しようとすると、共通の敵ができたことにより、一つの派出所が繰り返し襲撃された。

このような特徴は、何によって形づくられたのだろうか。人びとの行動は、講和反対とどのように関わるのだろうか。以下では、時間を少し巻き戻し、講和条約締結の報道が出てからの人びとの反応と東京市内の様子を見ていきたい。

2 路上という政治空間――日露講和反対運動

もう戦争は嫌だ

日比谷焼き打ち事件の発端となった国民大会の主催団体のメンバーであった小川平吉は、当時の様子を以下のように回想している。

昨年のポーツマウス条約の締結の報が伝わりました時分に、日本全国何れの所にもモウ戦争は嫌になった、戦争で死ぬのは犬死であると云うような、実に不都合極まる、不祥極まる言語を聞きましたのであります。其当時は吾々は此言葉を聞いて非常に心配し、且非常に恐れました。国民が戦争に行くことに嫌になり、死ぬることが嫌になると云うような事では、国の基礎と云うものが破壊せらるると云わなければならない。（『嗚呼九月五日』）

賠償金が取れず、領土の割譲も樺太《からふと》の南半分にとどまるというポーツマス条約の内容は、戦勝報道が続けられていた当時の日本国民を大きく落胆させた。その際、人びとの間に広まったのは、厭戦気分であったと小川は述べている。それは極めて危険な事態だと彼の目には映った。もはや講和問題は賠償金や領土の問題ではなく、「愛国心の消長に関する問題」であって、だからこそ「国家の根底に向って打撃を与える所の事柄」として強い危機感を持ったのだと小川は述懐している。

そのような厭戦気分は、実際にあったのだろうか。ポーツマス条約の内容が日本国内で報じられた八月末以来、政府の御用新聞と目された『国民新聞』を除き、ほとんどの新聞が条約の内容に反対し、条約を破棄することを社説で主張した。

なかでも、『東京朝日新聞』は「講和条約に関する投書」という欄を設け、連日読者の講和反対の声を載せた。二つの投書を紹介しよう。

○還しっちまへ〳〵　熊公
何だ馬鹿〳〵しい、樺太が半分になった上に償金が一文も取れネーというぢゃネーか。己ら昨夜号外を見てから腹が立って忌々しくって夜《よ》の目も合わなかった。一体政府は何でアンナに弱かったのか。己らアさっぱり合点が行かネー、アンナ事なら己らア稼人の倅を二人迄戦争に遣って殺してしまうんぢゃネーンだ。（九月一日）

○之ほど馬鹿らしきはなし　後備老兵
私は後備兵であります。沙河の戦闘で片足を失って参りました。私の弟は現役兵で昨年大石橋にて戦死しました。〔中略〕兵隊程馬鹿らしいものはありません。堅く子孫の末まで申伝えて置きます。必ず兵隊に取られぬ様に平素神仏に祈願を致し置け。而して不幸にも兵隊に取られ戦争に行くことがあっても、必ず敵に手向い致さず、第一番に俘虜になれと。（九月五日）

投書にはこのように「馬鹿らしさ」を吐露するものが多かった。臨時増税や身内の戦死など、戦争中に国家に対して払った多大な犠牲がすべて無駄に終わった空しさが感じられる。馬鹿馬鹿しいという思いは、「後備老兵」のように、身内を二度と戦争には行かせまいという強い決意につながった。

次に紹介する投書も、戦争が起きても二度と兵士を村から出さず、国債にも応じないと宣言している。

○村内の申合　神奈川某村民

我等同村の有志は一同申合せ、今後戦争の相起り候うとも、兵役の召集は勿論、国債の募集にも一切応ぜざる決議いたし候。若し之が為に露探《ろたん》などと罵《のの》しらるること有之候わば、露探の好模範は誰が示したるぞとやり返す覚悟に候。(九月一日)

ここでいう「露探」とは、露西亜《ろしあ》探偵、つまりはロシアのスパイを指す。村から兵士を出さないことで、たとえ売国奴呼ばわりをされてもかまわない、敵国に有利なことをした「露探」はむしろ政府の側だ、と痛罵するのである。

小川平吉が強い危機感を抱いた、「モウ戦争は嫌になった、戦争で死ぬのは犬死である」という厭戦気分とは、まさにこうしたものだったと思われる。もちろん、これらの投書が本当に読者の手によって書かれたという証拠はない。江戸っ子口調の「熊公」、片足と弟を失った「後備老兵」も、そのような立場であれば書くであろう内容を、新聞社が作り上げた可能性も否定できない。何より、講和に賛成する投書が一通も掲載されていないことからして、投書は新聞社によって編集された「読者の声」にすぎない。

だが、そうだとしても、これらの投書は巷間《こうかん》に流れていた雰囲気を反映しているはずである。また、こうした投書が掲載されることにより、同様の世論が形成されもする。誰の手で書かれたにせよ、新聞報道と読者の相互作用によって、投書に近い状況が生じたと考えてよいだろう。

新聞・雑誌メディアの役割

人びとの厭戦気分をより正確に理解するために、日露戦争中の生活がどのようなものであったかを整理しておこう。

先述したように日露戦争の戦費は多額であったが、それをまかなうために内国債・外国債が発行されたほか、非常特別税として直接国税や酒税・砂糖消費税が臨時に増税された。大量の外国債の発行は、国内の物価の高騰を招き、そこに増税も加わって、特に都市の貧困層に大きな負担がのしかかった。

それにもかかわらず、日露戦争が二年にわたって繰り広げられたのは、人びとと戦争とをつなぐ経路があったからである。日清・日露戦争はともに、日本の領土を戦場としていなかった。国内にいる多くの人びとにとって、日露戦争は目の前で繰り広げられた戦いではなく、海の向こうの、見えない戦いであった。インターネットやテレビ放送などのない時代に、遠くで行われた戦いに対して多大な犠牲を払うまでに、人びとが戦争を間近に感じる経路は何だったのだろうか。

一つは、新聞・雑誌による報道である。速報性のある新聞、従軍記者などの手による臨場感あふれる記事が載る雑誌によって、人びとは戦況を知り、一喜一憂した。田山花袋《かたい》が従軍記者として記事を書いた博文館の『日露戦争実記』や、国木田独歩《くにきだどっぽ》が編集長だった『戦時画報』は、戦争報道に特化した雑誌として知られる。日清・日露戦争をとおして、雑誌を定期購読するという慣習が日本に広まった（永嶺重敏『〈読書国民〉の誕生』）。

新聞も日清・日露戦争期に購読者層を拡大させた。高尚な政治議論を売りにする知識人層向けの「政論新聞」ではなく、労働者層をターゲットに、政治的なスキャンダルや社会問題などをやさしく伝える『万朝報《よろずちょうほう》』『二六新報《にろくしんぽう》』などの「民衆新聞」がこの時期に登場した。

それらに加えて、戦争とメディアを考えるうえで重要となるのは、号外である（岸本亜季「日露戦争期の都市における多衆行動の一背景」）。売り子によって路上で安価に売られた号外は、大通りを行き交う人の足を止めさせ、すぐさま戦況を知るためのツールとなった。

号外を買おうとして路上に人だかりができ、買った人びとがその場で号外を読みながら感想を言い合う。大都市の街頭は戦況を知るための情報空間であり、それをめぐって談議する政治空間であった。

提灯行列・祝勝会

戦争と国内の人びとを一体化させる経路のもう一つは、「祝う」ことであった。日清戦争で盛んに行われ、将棋倒しのすえに死者まで出した提灯行列は、日露戦争でも各地で行われた。東京では、仁川《じんせん》沖戦勝・九連城《くれんじょう》占領・金州《きんしゅう》占領・遼陽《りょうよう》占領・旅順《りょじゅん》開城・奉天《ほうてん》占領・日本海海戦の戦勝など、戦勝報道が入るとともに提灯行列・祝勝会が開かれた。

当初は新聞・通信社の主催であり、メディア・イベントの趣が強かったが、一九〇四年（明治三七）九月からは東京市・実業団体が主催となり、新聞の報道によれば一〇万〜二〇万人を動員する規模にもなったとされる（櫻井良樹《りょうじゅ》「日露戦時における民衆運動の一端」）。

東京でも夜の街頭の灯は現在に比して乏しかったから、提灯を持つ集団の明るさは際立ち、見知らぬ者との間に昂揚感と一体感をもたらした。その一体感は国の戦勝を祝う「国民」としての一体感にほかならない。

国の勝利を祝うという行為は、提灯行列による昂揚感とともに、戦争に人びとの意識を向けさせる一つの経路となった。

「露探」

こうして挙国一致のムードが高まると、「国民」ではないものを発見しようとする動きが現われた。先述した「露探」がそれである。露探という用語自体は日露戦争以前からあったが、多用されたのは戦時下においてである（奥武則『露探』）。

具体的には軍機保護法に違反した者がスパイになるが、新聞紙上ではその疑惑をかけられた者の経歴・人格・人間関係などが暴き立てられた。実際に刑事罰に付された者以外でも、露探の記事は多くある。

熱海に住むある人物は、「露国新聞を購読し居る事、相当の財産を有し、その生活が土地の者より比較的贅沢な事」が原因で露探ではないかとの噂が立ったが、取り調べの結果、事実無根だとわかったという（『東京朝日新聞』一九〇五年三月五日）。

日露戦時下のナショナリズムの昂揚は、このように、身近に住む人間が実は敵国の側の人間なのではないかという疑惑を生み出した。戦争を遂行しうるナショナリズムは、誰かを露探と指さすことでつくり出されてもいた。

講和反対の行動

日露戦時下に急速にふくれあがったナショナリズムは、先の投書に見たように、講和条約の締結を機に一挙に厭戦ムードへと傾いた。戦時下の非日常的なお祭り気分の昂揚感に支えられていたからこそ、膨らんだ風船がはじけるように、人びとの内面に空しさと馬鹿らしさが湧いたと考えられる。そして、戦時下のお祭り騒ぎのエネルギーは、そのまま講和反対のエネルギーへと転化した。

講和条約締結の報道が始まって以降、銀座・新橋・浅草などの電信柱や日比谷公園の樹木には、数々の貼り紙が貼られた（藤野裕子『都市と暴動の民衆史』）。「桂首相以下の閣臣ならびに元老の首を刎《は》ねて天下にとなえん」、「内閣を転覆せよ」、「○○○を斬殺すべし」。単純で刺激的な文言が街頭におどった。こうした貼り紙を囲んで通行人が騒いでいたとも報じられている。

さらには、講和条約の成立を「弔う」ために、白張《しらはり》提灯行列を企画する者も現れた。白張提灯とは葬礼用の無地の提灯を指す。これまで日の丸のついた祝勝提灯を持って行列を行っていた人びとが、葬礼用の提灯に持ち替えて、講和条約を「弔う」ことで講和反対のデモンストレーションを試みようとしたのである。日本橋魚河岸《うおがし》・神田多町《たちょう》青物市場の有志者の次のような投書が新聞に掲載されている。

生等《せいら》時事に感ずる所あり。本月八日を期し、白張提灯行列を催さむとす。同士の諸君は午後六時迄に日比谷公園に御来会あれ。尚提灯屋諸君に申す。右の行列に加入する者の為めには、特別廉価を以て御製造あらん事を乞う。（発起人日本橋区神田区有志者）

戦時下の提灯行列がそうであったように、日比谷公園を起点として白張提灯行列が行われようとしていた。

「露探」を民衆内部ではなく、政府関係者に向けることも、講和条約への批判にほかならなかった。先に挙げた投書にあった、政府関係者こそ「露探」なのだという批判がその一例である。このように、戦時下に即席で高められたナショナリズムは、瞬時に政府批判に転じる可能性を秘めていたのである。大都市の路上が政治的空間であったことは先に述べたとおりである。講和反対の意思表示として、多くの人びとの集合行為が路上に現れやすい条件が戦時下にできていた。

国民大会主催者の論理

一方で、先に見た小川平吉ら国民大会の主催者は、こうした巷間にあふれた講和反対の論理を共有していたわけではなかった。国民大会では、講和条約の破棄を求めるとともに、「満洲各軍に打電すべき決議」として「吾人は我出征軍が驀然奮進《ばくぜんふんしん》以て敵軍を粉砕せんことを熱望す」として、戦闘継続の要望を決議している（『所謂日比谷焼打事件の研究』）。

講和条約の反対に乗り出した政治集団は、その思想的な特徴から、「国民主義的対外硬派」と呼ばれている（宮地正人『日露戦後政治史の研究』）。彼らは藩閥専制を批判し、国民の立場で政治を行うべきだと主張したが、それは何よりも国家の拡大・膨張のために重要だと考えていたからである。彼らは国民のエネルギーを重視する一方で、同時に矛盾なく対外膨張を主張した。戦争の継続を求めるために、国民大会を開いて国民の声を集めることは、まさに「国民主義」で「対外硬」という彼らの政治思想的な特徴を表していた。

新聞各紙も論調は同様だった。条約の破棄は当然のことながら戦争の継続を意味するが、それでも現在の屈辱的な講和条約を締結するよりはましである。戦争の継続に国民が堪えられないと考えるなら「政府自ら日本国民を侮辱するに当る」とも述べている（『東京朝日新聞』九月一日）。このように政治団体や新聞の主張は、もうこれ以上戦争はいやだという人び

国民大会の群衆（『東京騒擾画報』より）

との意識と大きくかけ離れていた。
実際、国民大会には二、三万人が集まったといわれるが、これは大会主催者にとって思いも寄らぬ数字だったようだ。メンバーの一人は、大会当日の様子を次のように述懐している。

> 江戸ッ児の特性たる物見好きの健児は忽ちにして大多数押し寄せ来たり。公園を中心として各所より集まり、予め大会に出席せざるべき筈なりし車屋の挽児《ひきこ》も、商店の番頭も、工場の職人も、蕎麦屋の小僧も、会社の給仕も、夢中に飛出したるものと見え、知らず知らずの間に大紛擾を生じ〔後略〕（『嗚呼九月五日』）

「車屋の挽児」「商店の番頭」「工場の職人」「蕎

麦屋の小僧」「会社の給仕」を、国民大会には出席しなかったはずの人たちと認識している点が興味深い。「国民大会」と名付けてはいるが、あらゆる階層の人びとが集まるとは想定していなかったのである。

大会主催者の思想とは異なる論理で反対する人びとが、大会終了後、独自に行動をとった。それが日比谷焼き打ち事件ということになる。

3　男性労働者の「噴火熱」

暴動の原因はナショナリズムか

このように、日露戦時下の生活の困窮だけで日比谷焼き打ち事件が起きたわけではなく、ナショナリズムの昂揚とその反動が深く関わっていた。国民大会後に集団の一部は、南伝馬町の電車道で「国民のお通りだ、電車は停止し乗客は下車せよ、一寸たりとも動けば電車を踏み破るぞ」と言って、電車十数台を立ち往生させたという（『所謂日比谷焼打事件の研究』）。

浅草日本基督教会では、焼き打ち集団が迫った際、「この教会はロシアか、アメリカかイギリスか」と問い詰められたが、牧師が外国に関係なく日本人の独力で経営していることを告げると、「日本のものなら、また僕らのものだ」といって引き返したとされる（『植村正久と其の時代』)。

断片的に発せられた、こうした言葉を拾い集めると、強烈なナショナリズムに突き動かされて焼き打ちが進められたかのようにも見える。

しかし、ナショナリズムは講和反対の重要な核であったが、それだけで日比谷焼き打ち事件の全体を語ることはできない。先に述べたように、暴動の襲撃対象の大半は派出所や警察署であったし、国民大会に参加せず、近所で起きた焼き打ちに途中から加わった人も多かった。大都市で即席に形成された焼き打ち集団の意識は、村ごとに動員がかけられた新政反対一揆などよりも、なおいっそう複層的であったと考えられる。

暴動参加者の相貌

なぜ暴動発生の経緯を知らない人までもが、急に焼き打ちに加わったのだろうか。この点を理解するために、どのような人物が焼き打ち集団を構成していたのかを検討したい。

暴動の参加者の総体を知ることはまず不可能であり、被告人の一覧や新聞報道によって、その傾向を部分的に推測するよりほかかない。そこからわかるのは、これまでの研究が強調しているように、職人・工場労働者（職工）・日雇い雑業層（荷役人夫や車夫など）が多かったことである（表3－1）。

職業	人数
商人	29
小営業者	15
工場労働者	40
運輸労働者	10
職人	70
事務員	10
車夫	13
人夫日雇	27
商店の雇人	22
学生	8
農民	5
漁師	1
その他	4
無職	20
計	274

表３－１　日比谷焼き打ち事件予審被告の階層
宮地正人『日露戦後政治史の研究』227頁の表62より作成

ここではそれらの階層をまとめて「労働者」と呼ぶことにする。年齢で見ると、公判に付された被告のうち一六〜二五歳が約六五％を占める。予審・公判の被告とも性別は全員男性である。焼き打ちの見物人のなかに「婦人も見えた」と記されている回顧録もあるが（『嗚呼九月五日』）、焼き打ち自体への参加を示す記述は見られない。仮に女性が加わっていたとしても部分的であったと見てよい。したがって、なぜ男性が暴動の場の多くを占めたのかを考える必要があるだろう。

日露戦時下の男性労働者

これまでの研究では、この時期の東京の男性労働者が極めて不安定な状況にあったことを指摘している。資本主義の発達にともない、職人層が解体していくさなかにあった。従来の徒弟制からなる職人層は、年季奉公によってのれん分けされて、親方になる道が開けていた。しかし日清戦争後の産業の進展によって現れた近代的な工場がこの徒弟制を動揺させた。

日露戦争から第一次世界大戦にかけての時期は、従来の徒弟関係を中心とした職人層が解体し、工場労働者へと移行する過渡期にあった。この過程で、それまで徒弟制に組み込まれていたはずの若年男性は、工場労働者や日雇い雑業層になったが、いずれの場合も、のれん分けによって自ら店を構える可能性が潰《つい》えた。

将来のルートが崩れて先行きが不安定となったが、それでも東京は多くの若年男性を引きつけた。工場での雇用は多く、特に農村で家を継げない次男・三男は、都会に出て何者かになることに希望を見出した。この時期の労働者の上京理由は、賃労働に従事するためではなく、さまざまな小営業を営むためであった。労働者となることはそのための手段に過ぎず、何とかしてそこから上昇しようとしていたのである（宮地『日露戦後政治史の研究』）。

時代がやや下るが、一九二〇年に実施された『自由労働者に関する調査』という日雇い労働者に対する社会調査の「将来の希望事項」を見ても、同様のことがいえる。それによれば、一五〜五五歳という幅広い年齢層で二〇%以上が将来「商業家」になることを希望している。その内訳を見ると、「一般商売」が圧倒的に多数を占めている。どのようなものでもよいが、自分の店を構えて安定的な生活を送ること。それが多くの男性労働者が抱いていた願望であった。

これに対し、「妻帯家庭を成す事」を挙げる割合は、一五〜二五歳で二〜四％と意外なほど少ない。若年の男性労働者の優先的な関心事は、家庭を築くことよりも、都市社会の中に自らをどのように位置づけるかにあった。

従来の働き方では店を持つことが困難になる一方で、何者かになることを夢見る若年男性が東京に多く集まっていた。東京の男性労働者のなかには、野望と挫折感の両方が渦巻いていたのである。

飲む・打つ・買う

男性労働者の「将来の希望事項」を裏返すように、彼らが小営業者として社会上昇を遂げることは、極めて困難であった。都市の産業労働者の形成は、成功を夢見て上京した青年たちが、心ならずも工場労働者の生活を続けることで始まったと松沢弘陽《まつざわひろあき》は指摘している（『日本社会主義の思想』）。

そもそも当時は労働者であること自体、社会的な評価が低かった。明治後期の大都市において、工場労働者の生活水準は日雇い雑業層と同様であったといわれる。「労働社会」「職工社会」と「一般社会」（旧来からの商家など）との間には越えがたい一線があり、工場労働者には蔑視の視線が投げかけられた。

それゆえに、男性労働者の生活は、「酒、女、ばくち、いれずみ」が「職工につきもの」であり、工場で刃傷沙汰を見ない日はないという、利那的な生活を送っていた。工場労働者のなかでも特に荒っぽかったとされる製缶工場では、労働者はたいてい刺青をしており、工場に新入りが入ると、先輩職工から刺青を入れるようにいわれたという。工場内での小競り合いは刃傷沙汰になることも多かった。また呉海軍工廠では賭博・飲酒がひどく、利那的な生活を送っていたという（佐々木啓《けい》「「産業戦士」の世界」）。

こうした男性労働者の荒々しいふるまいについて、従来の研究は、立身出世に失敗したがゆえの退廃的な現象と見なしてきた。しかし、彼らの生活に潜入して書かれたとされるルポルタージュは、男性労働者の生活について異なった描き方をしている。

日雇い労働者や単身の工場労働者の通う一膳飯屋では、「一杯飲めば胃の腑が出火したように、胸元が熱くなろうという代物」が好んで飲まれ、酔いが回ると「見ず知らずの隣りの客に、昔の自慢話をしたり、大喧嘩の時の自分の働き振りと言ったような、怪気焔が始まる。〔中略〕遂には自慢と自慢が衝突をして、喧嘩口論となる」と記されている。その次に書かれた描写に注目したい。

彼等は酔っていての喧嘩で、喧嘩しなくとも好い喧嘩を酒がさせる替わり、その又酒が直ぐに仲直りもさせる。喧嘩して今にも殺し合いでもするかと疑われた連中が、しばらくすると、

「いや、お前はなかなか度胸がある、俺はその度胸に惚れてしまった、兄弟になろう」

と一方が言えば、又一方もそうで、

「ウム、貴様の男らしいのが俺は気に入った、今夜は大いに飲もう、まだ俺だって二貫や三貫はあるぜ」（深海豊二『無産階級の生活百態』）

日雇い労働者や工場労働者が頻繁に繰り広げていた殴り合いは、自暴自棄で退廃的な行動ではなく、仲間を形成するプロセスとして描かれているのである。先に挙げた製缶工場でも鉄の切れ端で相手の頭を負傷させたかと思えば、仲間内で公傷であることにして大勢で酒を飲んで仲直りしたという（佐々木「「産業戦士」の世界」）。

多くのルポルタージュが、男性労働者の助け合いの精神が強かったことを強調している。日雇い労働者の場合、外食した代金を仲間が代わりに払ってやることは日常的にあり、時に法外に奢ることもあったという（松原岩五郎『最暗黒の東京』）。男性労働者の間には、身寄りがないまま都会に出てきても、それなりにやっていけるだけの緩やかな紐帯《ちゅうたい》があった。

「男らしさ」の価値体系

こうしたルポルタージュの記述を数多く読んでいくと、荒っぽいふるまいには、「男らしさ」の価値体系というべき一つの軸があったことが見えてくる。

> 浮浪労働者の仕事というものは、常に体力を使用するだけに、彼等の仲間の話というものは、寄ると触ると力自慢の話になる。彼等の前には金銭も権勢も認められない。只腕力さえあれば事が足りるのだ。従って議論よりも喧嘩が多い。（小川二郎『どん底社会』）

また、「二十四五貫〔約九〇キログラム〕位の荷物を担いで見ろ、皆な驚いて直ぐ小頭《こがしら》にしてくれらァ」という会話を紹介し、記者は「彼等の仲間で力さえあれば随分出世が出来るのだ」と記している。

たとえば、横浜港の仲仕であった藤木幸太郎は、人夫部屋での丁半博打において「やるからには大きく張って、大きく稼ぐか、ごっそりとられるかで、うじうじとちいさなやりとりは好かぬ」という度胸の据わった金の張り方が部屋頭の目を引き、元手をなくした仲間には気前よく金を貸す気風《きっぷ》の良さもあいまって、乙種人夫から甲種人夫へと昇格したという（白土秀次『ミナトのおやじ』）。

腕っ節の強さ、豪快さ、剛胆さ、弱きを助ける義侠心。これが男性労働者のあいだで一目置かれる価値であった。特に不熟練労働では、こうした「男らしい」ふるまいを身につけている人物は、労働者間をとりまとめる地位へと出世したのである。

「彼等の前には金銭も権勢も認められない」という表現に端的に表れているように、こうしたふるまいは、社会的な地位や学歴、経済力がない人物でも獲得できることに注目すべきだろう。「労働社会」には、富や学といった一般的な価値観とは異なる、独自の価値観がつくりあげられていた。

通俗道徳に背を向ける

本書のここまでの議論をふまえると、この飲む・打つ・買うというふるまいが、節倹・勤労といった通俗道徳の徳目と正反対であることに気づく。近代に入り、通俗道徳が国家のイデオロギーとして用いられはじめたことは前章で見たとおりである。しかし、男性労働者たちが大都市で置かれていた状況では、通俗道徳に則ったふるまいをいかに積み重ねても、自分の店を構えるという願望を実現するのは困難であった。

だとすれば、男性労働者たちは、自らの境遇を個人の責任に還元する「わな」を感じ取り、欺瞞に満ちた通俗道徳に背を向けて、独自の価値体系を自ずとつくりあげていたといえるのではないか。

序章で述べたように、近世後期の農村では、村を立て直そうとする通俗道徳が現れる一方で、そこに収まりきらない人びとのエネルギーが遊び日の増加などとなって現れ、それが幕末の世直し一揆やええじゃないかの原動力になっていた。

本章での通俗道徳は、近代になって、自由競争社会のなかで、公権力のイデオロギーとして浸透していた。男性労働者は、通俗道徳的な実践があるべき美徳であることを承知のうえでふるまっていたのであり、共同体の祝祭ではなく、より日常的で個人的な消費をとおした通俗道徳からの逸脱であった。

男性労働者の刹那的に見える粗暴なふるまいは、「落伍者」意識や挫折感の表れなどではなく、成功や立身出世とは異なる価値観を持って生きようとしていた、一つの人間的なエネルギーの表れであったと思われる。

都市に渦巻く「噴火熱」

しかし、都市のなかで経済格差を常に見せつけられていた男性労働者は、独自の価値観を形成していたにせよ、それだけで充足できたわけではなかった。身のうちに秘めたエネルギーは、見えない敵――もしくは、目前の権力に対する敵意や憤怒となった。

大都市の男性労働者のなかに膨大なエネルギーが眠っていることは、日清戦争の直前に刊行されたルポルタージュ『最暗黒の東京』で、著者の松原岩五郎が早くも指摘している。松原は、人力車夫が鉄道馬車に仕事を奪われつつあるなか、彼らが「一揆、暴動」を起こして鉄道馬車を転覆させてもおかしくないほど敵意を持っているとしたうえで、次のように述べている。

しかれども、彼らの夥伴《なかま》には発頭人《ほっとうにん》、巨魁《きょかい》たるべき人物なく、しかしてまた彼らの社会には檄文《げきぶん》、集会、団結、同盟等の器械的勢力もしくは精神的運動力においてすこぶる微弱なり。彼らは銘々の意志においてすこぶる発動あり。しかれども、これを概括したる威力に乏し。彼らは五指の交弾力あって、しかして一拳《けん》の大勢力なし。故に彼らの噴《ふん》焰《えん》は天を衝《つ》くべき噴火山の頭上にあらずして、常に山腹または海底の下層においてあるを見る（『最暗黒の東京』）

彼ら一人ひとりにはマグマのようなエネルギーがある。しかしそれを集団にまとめあげる勢力がない。一揆や暴動を起こすような彼らのエネルギーは、敵の見えぬまま、山腹や海底に沈んでいる状態だというのである。

小川二郎『どん底社会』も、同様のことを指摘している。たとえ賃金が高くとも、あまりに高圧的な雇い主であったり、無理に人を使おうとすると、男性労働者は「馬鹿にして居やがる。俺達を人間扱いにしやがらねえんだ」と吐き捨てるようにいい、道路で車を乗り回す金持ちを見ると「金のあるのを自慢して、俺は金があるんだと言わぬばかりに自動車なんかで乗り回して居やがるんだ。馬鹿野郎共が」（『どん底社会』）と毒づいたと記す。

また彼らのエネルギーは、酔った時に表に吐き出された。「天下は俺の天下だ」というように、社会に罵声を放って「呵々大笑」し、「誰でも俺にかなう奴があったらかかって来い。巡査くらい何でもねえぞ」と叫ぶ（同前）。

警察権力の敵視

このように、男性労働者のマグマのようなエネルギーは、目の前の権力である雇い主や富裕者、そして警察権力に対して向けられた。なぜ「巡査くらい何でもねえぞ」という言葉が出るのだろうか。警察史研究の第一人者である大日方純夫《おびなたすみお》は、警察が都市で生活する人びとの広大な領域を取り締まっていたことを指摘している（『警察の社会史』）。

警察の職務には、犯罪を扱う司法警察と生活を管理する行政警察とがあったが、このうち行政警察は、古物商・質屋の営業免許を出す「営業警察」、路上の風俗取締り・安全対策をする「路上警察」、公娼制度の管理を行う「風俗警察」など多岐にわたった。「路上警察」は一九〇〇年に道路取締規則ができて、車類・牛馬の左側通行や商品・看板の突き出しの規制などが定められた。人力車・馬車などについても、それらの組合を警察の管下に置くことで統制を図ろうとした。

警察は都市の労働者・雑業層の生業・生活を幅広く管理していた。路上の統制は、第1章に見た文明開化期だけのことでなく、日露戦争期にはいっそう細分化されていた。警官が都市民衆を取り締まる際の声かけである「コラコラ」が、警官の蔑称として使われていたように、警察は都市の男性労働者にとって、日常的に接する身近な権力であった。

都市暴動の再評価

講和反対の国民大会は、男性労働者のエネルギーを概括するような政治集会であった。それを機に暴力が噴きあがり、東京市内をリレーするように焼き打ちが行われたことは先に見たとおりである。

国民大会の主催者の予想を超えて集まったのは、そうしたエネルギーを抱えた人びとであった。国民大会に参加しなかった人びとが、警察という共通の敵に対して連続した焼き打ちに加わったことも、この文脈から理解できるだろう。

このように、日比谷焼き打ち事件は、男性労働者の日常的な生活文化と密接につながっていた。そのエネルギーの突然の噴火は、国民大会の主催者や多くの知識人の想像を凌駕する出来事であった。

しかも、大都市での暴動はこの一回だけにとどまらなかった。特に東京では、翌年に起きた電車賃値上げ反対運動、一九一三年（大正二）二月の憲政擁護運動、翌年の山本内閣倒閣運動など、政治運動にともなって大規模な暴動が頻発し、時に内閣が倒れる事態にまで発展した。そのため、日比谷焼き打ち事件から米騒動（一九一八年）までの時期は、研究上、「都市民衆騒擾期」（都市暴動の時代）と呼ばれている。

いずれも、日比谷焼き打ち事件と同様に、屋外で政治集会が開かれ、群衆状態がつくられたことに端を発している。そこから時々の政治的なトピックとなる対象（たとえば新聞社など）や、派出所・警察署が次々と襲撃された。

近代のなかで再編された社会的序列、都市社会の不安定な状況に加え、通俗道徳の裏返しとして形成された生活文化、そこで培われた男性労働者の一触即発のエネルギーと暴れる身体。デモクラシーやナショナリズムといった鋳型には収まりきらない諸要素が、一連の都市暴動の核となっていた。

　負債農民騒擾のあと、通俗道徳が浸透したことは確かである。しかし、だからといって民衆暴力が終焉したわけではなかった。浸透した通俗道徳を裏返すようにして、新たな民衆暴力の源泉が大都市のなかに生まれていたのである。

4　国家を引き締める

自警組織の芽生え

　近代の歩みにともなって新たな民衆暴力が現れたのと同時に、国家の側もその暴力装置のあり方を変容させた。一つは、軍隊や警察といった国家装置とは別に、民間のなかに自警組織を作る発想が生まれたことである。

　当時の東京市長であった尾崎行雄は、暴動発生後の九月七日、警視庁などと折衝して何らかの自衛手段を講じることにし、市参事会の決議によって、緊急処置として巡邏夫を設けることとした。

　規程によれば、①区内派出所二ヵ所の所轄区域につき巡邏夫を置く、②巡邏夫は二〜六人

戒厳令後の状況（『東京騒擾画報』より）

とし、放火・窃盗などが発生した場合には民家に警告し、官憲に急報する、③巡邏夫に関する費用の一部は東京市が負担する。

このように、東京市は、警察機能が回復するまでの短い期間、警察機能を補完する役割を東京市民に与えたのである。このほか、牛込区では、区役所内に自衛警務本部を置いて、区の費用で警護員を置くことに決した（高橋雄豺『明治三十八年の日比谷騒擾事件』）。

巡邏夫の詰め所を特設したところもあれば、小学校などを利用したところもあり、個人宅を充てたところもあった。詳細は各町内で調整することとされ、明らかではない。それでも、臨時措置として警察以外の自警制度が公的に認められたことは注目に値する。

重要な点は、巡邏夫の設置が警察権力への批判と密接に関わっていたことである。東京市会議員や区会議員の一部は、国民大会を禁止し、サーベルを抜いて人びとを斬るといった警察の弾圧こそが暴動を誘引したと、するどく批判した。その後、市会では警視庁廃止意見書を決議するにいたる（大日方純夫『警察の社会史』）。

巡邏夫の設置は、警察権力の末端に位置づくものとしてではなく、警察権力とは異なる自警組織を東京市としてつくろうとしたものであった。国家の暴力装置は、近代社会の展開とともにそのあり方に疑義が唱えられ、それと同時に、自警組織が正当化される局面が生まれたことになる。

警視庁廃止の運動や都市暴動の頻発化に直面した警察当局は、それまでの強権的・強圧的な取り締まりを改めて、「警察の民衆化、民衆の警察化」が推し進められた（『警察の社会史』）。「警察の民衆化」とは、たとえば交通安全週間のキャンペーンのように、警察が民衆に協力を呼びかけ、民衆の合意を調達しながら統制を行うことである。

一方の「民衆の警察化」は、後述する青年団・在郷《ざいごう》軍人会などを基盤に、安全組合・自衛組合・保安組合といった自警組織が、警察の指導のもとに各地域でつくられたことを指す。「警察の民衆化、民衆の警察化」によって、警察機能が地域社会のなかに浸透していったのである。

青年団と在郷軍人会

一方で、講和反対の投書に見られたような、ナショナリズムの反動というべき厭戦気分や国家への貢献の拒絶に対して、政府は対応せざるを得なかった。日比谷焼き打ち事件から三年後の一九〇八年（明治四一）一〇月に出された戊申詔書は、生業に対する「忠実」「勤倹《きんけん》」という姿勢とともに、時局に対する「忠良なる臣民の協翼」を求めるものであった。天皇の言葉として、生産力の増強と国家の発展への精神的な関与を国民に求めたのである。

さらに内務省は、全国の町村で地方改良講習会などを開いたほか、貯蓄組合・納税組合などを設立して勤倹貯蓄に励み、耕地整理や農事改良によって生産力を増強することで村政の立て直しを図った。これを地方改良運動という。

近世後期から発達した若者組を部分的に基盤とするなどして、全国の各市町村に官製の青年団が結成された。青年団は地域の青年男性の全員参加を原則とし、地方改良運動の主たる担い手として位置づけられたのである。

戊申詔書と地方改良運動は、勤労・節倹といった通俗道徳の実践を全国に広げて、地方町村を立て直す試みだった。

他方、日露戦争による大量の兵力の動員は、大量の帰還兵を生み出した。一〇万人の戦死者を出した戦いから各町村に戻った帰還兵たちは、戦争時の極度の緊張や心身の衝撃の痕跡を抱えたままであり、日常に適応できない者も多く、そのことが一つの社会問題となった（藤井忠俊『在郷軍人会』）。

帰還兵を統制して組織化する必要性が説かれ、一九〇六年（明治三九）一〇月に全国の市町村に在郷軍人団が置かれることになった。この在郷軍人団は行政を中心とした組織だったが、軍の統率を明確にして軍主導の団体として組織替えし、一九一〇年（明治四三）一一月に帝国在郷軍人会が発足した。帰還兵を村の生活に滞りなく復帰させること、帰還兵と軍の関係を再構築することが目的であり、各町村の在郷軍人団は、帝国在郷軍人会の分会に位置づけられた。

各町村分会は、青年団と連携して、招魂祭の開催のほか、徴兵検査の補助、入退営の歓送迎行事、天長節などでの勅諭奉読、会員の貧窮援助などを行った。これに加え、会員は定期的に軍服を着て簡閲点呼を実施することになっており、除隊後も軍隊で経験した規律を反復することが求められた。

帝国在郷軍人会は、帰還兵がスムーズに社会復帰するための組織である一方で、各町村で兵役者をつくり出し、送り出すシステムの一翼を担った。それとともに、在郷軍人会分会の存在は、各町村のなかに軍隊に準じた組織が日常的に埋め込まれることを意味してもいた。

先述した「民衆の警察化」の基盤となったのが、この青年会・在郷軍人会であった。

俯瞰してみると、日露戦後の日本には、都市暴動という新たな形の民衆暴力が湧き上がり、近代国家の統治にほころびが見えた。これに対応して、軍隊・警察という国家の暴力装置を地域社会の内部に浸透させるような再統合が図られた。準警察・準軍隊の組織が地域に恒常的に存在するようになったのである。そのことがいかなる意味を持ったかは、一九二三年（大正一二）の関東大震災時に明らかになる。第4・5章で詳しく見ていきたい。

第4章　関東大震災時の朝鮮人虐殺

1　国家権力の関わり

民衆暴力が正当化される時

この章では、関東大震災時の朝鮮人虐殺をとりあげたい。関東大震災の直後には、朝鮮人ばかりでなく、中国人や、朝鮮人に間違われた日本人も殺害された。

朝鮮人虐殺の一般的なイメージは、関東大震災時に「朝鮮人が暴動を起こした」「朝鮮人が井戸に毒を入れた」「放火した」などのデマが流れ、そのデマをもとに多数の朝鮮人が虐殺された、というものだろう。しかし、このイメージには主語（動作主）がない。誰がデマを流し、誰が殺したのか。人びとの間に自然とデマが流れ、自警団が殺害したと、漠然とイメージされているように思う。「民間人によるデマ、民間人による虐殺」というイメージは、本当なのだろうか。実態と異なるとしたら、なぜ私たちは今このようなイメージを抱いているのだろうか。

これまで歴史研究者や市民団体が長い時間をかけて、朝鮮人虐殺の実態を明らかにしてきた。積み重ねられた成果を紹介しながら、これらの疑問を解き明かしていきたい。

流言の発生源をめぐって

一九二三年九月一日午前一一時五八分、南関東を中心に大規模な地震が発生した。相模湾を震源とし、マグニチュードは七・九であったといわれる。神奈川・東京を中心に甚大な被害がでたが、特に都市部では火災による被害が大きかった。東京では市内の約三分の二が焼失したとされる。そのなかには、内務省・警視庁といった警察機能の中枢を担う建物も含まれていた。震災による死亡者は約一〇万人と推定されている。

混乱のさなか、先述のような流言の数々が出回った。これらの流言がどのように発生したのか、という点には諸説ある。民間から自然発生的に湧き上がったという説、官憲が意図的に流言をつくり上げたとする説、官民双方から生じたとする説である。

これらは朝鮮人虐殺の責任について、民衆と国家権力とのどちらに重きを置くかという、研究者の立場の違いを反映してもいる。また東京と横浜のどちらから流言が発生したのか、両者は別々に発生したのか、という点も議論されてきた。しかし、流言の発生源を厳密に特定することは史料的に難しい。

警察が誤情報を流す

それでも、研究上、見解が一致している点がある。発生源がどこであったにせよ、震災当初から警察が朝鮮人に関する流言・誤認情報を率先して流し、民衆に警戒を促したことである。長年にわたりこの問題を研究してきた山田昭次《しょうじ》は、次のような史料を紹介している(『関東大震災時の朝鮮人虐殺』)。本郷区で一〇月二五日に開かれた区会議員・自警団代表などの会合で、自警団の代表者は次のように報告したという。

九月一日夕方、曙《あけぼの》町交番巡査が自警団に来て「各町で不平鮮人が殺人放火して居るから気をつけろ」と二度まで通知に来た外、翌二日には警視庁の自動車が「不平鮮人が各所に於いて暴威を逞しうしつつあるから、各自注意せよ」との宣伝ビラを撒布し、即ち鮮人に対し自警団その他が暴行を行うべき原因を作ったのだ。(『報知新聞』一〇月二八日夕刊)

これは震災からふた月近く経ってからの報告であるが、オンタイムに書かれた史料もある。寺田寅彦も「震災日記より」の九月二日の条《じょう》に「昨夜上野公園で露宿していたら巡査が来て○○人の放火者が徘徊《はいかい》するから注意しろと云ったそうだ」と記している。

伏せ字の「○○」の部分に「朝鮮」が入るのは間違いない。また、中原村の青年団員・在郷軍人会中原分会員の日記には、九月二日の条に「この日、午後、警察より、「京浜方面の鮮人暴動に備うる為出動せよ」との達しあり。在郷軍人・青年団・消防等、村内血気の男子は各々武器を携え集合し、市之坪境まで進軍す」と記されている（『川崎市史』資料編3）。

政府が誤情報を流す

それればかりではない。九月三日午前八時一五分には、海軍無線電信所船橋送信所から、呉鎮守府副官経由で、各地方長官宛に次の電報が発せられた。原文は、二日の午後に東京から船橋に送られた（山田『関東大震災時の朝鮮人虐殺』）。

各地方長官宛　　　　内務省警保局長

東京付近の震災を利用し、朝鮮人は各地に放火し、不逞の目的を遂行せんとし、現に東京市内において爆弾を所持し、石油を注ぎて放火するものあり。既に東京府下には一部戒厳令を施行したるが故に、各地において充分周密なる視察を加え、鮮人の行動に対して厳密なる取締りを加えられたし。

内務省警保局は警察を取り仕切る官庁である。その長官の名義で、「朝鮮人が暴動を起こした」という内容の電報を各地方長官（府県知事など）に送っていたのである。政府から地方長官に渡った布告・通牒は、郡役所を介して各町村へと伝達される。

震災当初、政府や警察は流言を否定せず、むしろ広めていた。情報源の少ないなか、官憲が流した誤情報が信憑性をもって広まったことは疑いない。民間によるデマ、民間による虐殺というイメージとは異なり、公権力の手によってデマが流布したのである。

戒厳令の施行

一方で、政府は九月二日に東京市と周辺地域に戒厳令を施行した。三日・四日にはその適用範囲を東京府全域・神奈川県・千葉県・埼玉県へと拡大した。戒厳令施行の決定には、火災により警視庁が焼失したことと、「朝鮮人が暴動を起こした」という流言が市中に出回っていたことが大きかった。

当時内務大臣であった水野錬太郎《れんたろう》の回想には、「朝鮮人攻め来るの報を盛んに多摩川辺で

板戸に戒厳令の告示をする警官
（『現代史資料』６より）

噂して騒いでいる」という報告があったこと、当時警視総監であった赤池濃《あつし》とともに「そんな風ではドウ処置すべきか、場合が場合故、種々考えても見たが、結局戒厳令を施行するの外はあるまいという事に決した」ことが記されている（東京市政調査会編『帝都復興秘録』）。

　このやりとりの文言を字句どおりに解釈し、戒厳令の施行の目的が「人心の安定」にあったのであり、「朝鮮人暴動」への対応ではなかったとする説も出されている（吉田律人《りつと》『軍隊の対内的機能と関東大震災』）。

　しかし、数日の間に政府の流言に対する姿勢がめまぐるしく動いたことをふまえると、一年以上経ってからの政府関係者の回想によって、戒厳令を施行した当時の意図を立証することは難しい。

　重要なのは、どのような意図であったにせよ、戒厳令の施行がもたらした効果は絶大であったことである。先に挙げた流言が広まるなか、軍隊が出動し、全面的に治安の維持を担ったことで、あたかも本当に朝鮮人が暴動を起こす（起こした）かのような状態がつくり出された。これが、軍隊・警察・民衆から朝鮮人を殺害することへのためらいが払拭された一つの要因といえる。

自警団の結成

一方、民間では自警団が結成された。その数は、東京で約一六〇〇、神奈川で約六〇〇、埼玉・千葉では各約三〇〇とされる（吉河光貞『関東大震災の治安回顧』）。自警団といっても結成のされ方は地域によってさまざまであったが、大きく三つのタイプに分けられる。

一つは震災後に各町内で自発的、自然発生的に形成されたものである。震災直後に東京市内で結成された自警団はこのタイプが多い。

二つ目は、前章で述べた「民衆の警察化」の現れである安全組合・保安組合といった各地域の既存の自警組織を母体に結成されたものである。神奈川県ではこうした事例が多かったという。

三つ目は、内務省からの指令によって在郷軍人会・青年団・消防組を母体に結成されたものである。九月二日に内務省より埼玉県・郡役所を経由して各町村に対して、「不逞鮮人暴動に関する件」と題する通牒が出された。そこには、「今回の震災に対し、東京において不逞鮮人の妄動有之」と記され、「在郷軍人分会・消防隊・青年団等は一致協力して、その警戒に任じ、一朝有事の場合には、速かに適当の方策を講ずる」ようにとの指示が明記されていた。埼玉・千葉・群馬で結成された自警団の多くは、この内務省の指示によって結成された（山田『関東大震災時の朝鮮人虐殺』）。

いずれのタイプでも、在郷軍人会が重要な役割を果たした。日露戦争後に帝国在郷軍人会が結成され、各町村にその分会が置かれたことは、前章で述べたとおりである。震災時に地域社会で治安維持の役割を担った組織は、徴兵経験者で構成されていた。自警団は、警察機能を補う目的で結成されながら、その主たる担い手が徴兵経験者であったという点で、警察と軍隊という国家の二つの暴力装置が交差する位置にあった。

自警団が通行人を誰何している図（『現代史資料』6より）

想像上の「テロリスト」

それでは、流言は本当に誤りだったのだろうか。これまでの研究は、この点についても丁寧に検証している（山田『関東大震災時の朝鮮人虐殺』）。

司法省の「震災後に於ける刑事事犯及之に関連する事項調査書」のうち、罪を犯したとされる朝鮮人は一四〇人いる。そのうち、氏名不詳・所在不明・逃亡・死亡とされる者が約一二〇人、八六％にのぼる。

後述するように、東京では自警団が各地域に検問所を設けて、通行人を誰何《すいか》し、教育勅語を言わせるなどして、朝鮮人かどうかを判断した。裏返せば、そうでもしない限り、朝鮮人か日本人かを見た目だけで判別することは困難だった。この司法省の発表に対し、同時代のジャーナリスト石橋湛山《たんざん》は、「所謂鮮人の暴行は、漸く官憲の発表する所に依れば、殆ど問題にするに足らぬのである。〔中略〕官憲の発表に依れば、殆ど皆風説に等しく、多分は氏名不詳、たまたまその明白に氏名を掲げあるものも、現にその者を捕まえたるは少ない。かくては、その犯罪者が果たして鮮人であったか、内地人であったかも、わからぬわけである」と批判している（『東洋経済新報』一九二三年一〇月二七日）。犯人の名前がなく、捕まってもいないのに、朝鮮人の犯罪として統計に数えられていることが、同時代にも批判されていた。

残り二〇人ほどのうち、三人は判決が確定してなく、残る一六人、一五件が有罪となっている。罪状は窃盗・横領・贓物《ぞうぶつ》運搬などである。東京市だけでも、震災後三ヵ月間で約四四

○○件の窃盗があったというから、そのうちの一五件が朝鮮人の犯行だったとしても、それだけで朝鮮人が暴動を起こそうとしていた証拠にはならない。

したがって、「朝鮮人が暴動を起こす」という流言は、実態のない想像上の産物に過ぎなかった。日本の政府・警察・軍隊・民衆は、想像上の「テロリスト」から日本を守ろうとして、生身の朝鮮人を殺害していったのである。

2 朝鮮の植民地化と三・一運動

韓国併合

帝都である東京の治安機能が麻痺していたとはいえ、実態をともなわない流言を官民ともがたやすく信じ、想像上の「テロリスト」にとらわれるという事態は、なぜ起きたのか。この点を理解するためには、震災に先立って、朝鮮の植民地化と三・一運動が起きていたことを確認しておかなければならない。

日露戦争後の日本は、戦争の目的であった朝鮮の保護国化を、三度の日韓協約によって急速に進めた。統監府は無制限に朝鮮半島の土地を買い占められることとし、日本軍が収用した土地を日本の業者に安価で払い下げるなどした。

また、一九〇八年一二月に設立された東洋拓殖会社も、土地の買収を行い、地主化していった。その後、一九一〇年八月、韓国併合条約が締結され、日本は朝鮮を植民地として支配下においたのである。

武断政治

統治機関として設置された朝鮮総督府は当初、朝鮮人の反乱を防ぐための軍事警察である憲兵警察制度を導入するなど、武断政治を行った。

また、租税収入を確保するために土地調査事業を実施した。これは、地租改正と同様に、土地の所有権者・租税負担者を確定するものである。土地調査事業は申告主義をとったため、読み書きができる地主層に有利であった。そればかりでなく、事業のプロセスで多くの土地が官有地・日本人所有地に組み入れられた（趙景達《チョキョンダル》『植民地朝鮮と日本』）。

日本の統治は朝鮮の慣習も破壊した。火葬の強制、森林令による樹木伐採の禁止、それにともなう農民の生活破壊、地税・戸税・家屋税などによる税負担、宗教の統制などである。

日本の統治政策が朝鮮に近代化をもたらしたとしても、それをためらいなく受容できた一部の層を除けば、多くの人びとにとって、統治者による一方的な生活・慣習の改変であり、収奪であった。

三・一運動

日本の武断政治に対して、大規模な反乱が起きたのは、第一次世界大戦後のことであった。大戦後の民族自決主義の高まりを受けて、朝鮮人のなかからも独立を求める動きが活発化したのである。

一九一九年二月八日、日本内地で朝鮮人留学生が二・八独立宣言を決議した。朝鮮半島での大衆的な運動へと発展したのは、高宗《こうそう》皇帝の死も背景にあった。三月上旬の高宗の葬儀を前に、各地から多くの人びとが京城（現ソウル）に詰めかけていた。そうしたなか、三月一日に京城のパゴダ公園で独立宣言書が公表されたのである。それをきっかけに朝鮮全土に広がる示威運動が始まった。その後のデモ行進には数万人が参加したといわれる。

この日を機に、翌四月末までの間に、朝鮮各地でデモ集会が行われた。運動は二〇〇以上の府郡で起こった。デモ運動の件数は約一二〇〇件、そのうち、約四二〇件で憲兵警察などとの衝突が起きたという（同前）。

示威運動は数百から数千人規模のものが多かったが、二万人にまで広がったケースもある。人びとは太極旗を押し立てて万歳を唱えながら行進した。郡庁など官公衙《が》に押し寄せて、郡守等に「独立万歳」を強制することもあった。また、警察署・駐在所、日本人商店を襲撃したケースもある。郵便局・電柱・橋梁などを破壊することもあった。その様子は、祝祭性に満ちあふれていたともいう。農楽やラッパが演奏され、万歳と叫んで熱狂する。

この三・一運動を、朝鮮史研究者の趙景達は「虐げられた民衆の激憤の爆発」であると述べ、独立宣言書に署名した民族代表とは異なる論理で万歳示威運動が展開したと指摘している（趙景達『朝鮮民衆運動の展開』）。支配によって抑圧された感情を一気に解放させたのである。

運動はしだいに万歳を唱える示威運動から鋤・鍬を持っての暴力行使へと変化した。しかし物品を破壊しても、窃盗にはおよばないなど、暴力行使のなかにも一定の秩序があった。

運動の弾圧と対抗暴力

三・一運動に対する日本側の弾圧は、苛烈だった。各憲兵・警察のほか、軍隊が出動し、実弾を発砲するなど、軍事的な強制措置によって運動を鎮圧した。

朴殷植『朝鮮独立運動の血史』によれば、朝鮮半島外にある朝鮮人居留地（樺太や間島《かんとう》）まで含めると、死者数は七五〇〇人にも及ぶという。植民地支配の暴力性が、蜂起とともに可視化されたともいえよう。

暴力によって鎮圧を図ろうとする官憲に対して、朝鮮の人びとが何もしなかったわけではない。即座に暴力で対抗してもいる。この結果、官憲側にも死者八人、負傷者一五八人が出たとされる。

それでも、官憲側と朝鮮民衆側とで死者数に圧倒的な差がある。ここには、正当化された国家の暴力と民衆の暴力の差だけでなく、植民地支配をする側とされる側の差が如実に現れている。

文化統治への転換と離散する人びと

朝鮮半島の広域にわたる朝鮮民衆の蜂起を受けて、日本政府は植民地統治の方針転換を余儀なくされた。当時の原敬《はらたかし》内閣は、これまでの武断統治から内地延長主義に基づく文化統治への転換を模索した。軍事力による強圧的な統治ではなく、朝鮮を内地と同様に扱い、朝鮮人を日本に同化させていく方針である。反乱が起きないように、日本との一体感を朝鮮人に植え付けようとしたのである。憲兵警察制度が廃止され、同化主義教育が進められるなどした。

しかし、統治が転換したからといって、朝鮮の農村部の人びとの生活が楽になったわけではなく、むしろ困窮したといわれる。

その背景の一つは、日本内地での慢性的な米不足である。内地での人口増加と食糧不足を解決するために、朝鮮総督府は産米増殖計画を進めた。朝鮮で米の生産量を増やし、内地に移入する試みである。

これにより、朝鮮における米の生産高は一九二〇年から三四年の間に一・四倍ほどに増加したが、増産分以上の米が日本に移出された。それに加え、この産米増殖計画に基づいて灌漑用水・貯水池がつくられたが、その費用は、水利組合費として朝鮮人農家の肩にのしかかった。

大幅な収入減となった農家のなかには、土地を手放して小作人や日雇い労働者になった人や、海外で仕事を見つける途を選んだ人もいた。一九三〇年には朝鮮の人口の六・二%が、仕事を求めて日本・中国・ソ連などに渡ったとされる（趙『植民地朝鮮と日本』）。

関東大震災とのつながり

関東大震災時に話を戻そう。ここまで述べてきた事柄が、どのように朝鮮人虐殺につながるのだろうか。

これまでの研究が指摘しているのは、三・一運動後の朝鮮統治の経験者が、関東大震災時の治安維持を担っていたことである（姜徳相『関東大震災・虐殺の記憶』）。戒厳令を施行する決定を下した内務大臣の水野錬太郎は、三・一運動後の朝鮮総督府の政務総監であった。警視総監の赤池濃も、三・一運動後の朝鮮総督府の警務局長であった。

このように、関東大震災時に治安維持を担うトップにあった人物は、三・一運動直後に朝鮮統治にのぞんだ当事者であり、朝鮮人の反乱を強烈に意識した統治経験があった。

三・一運動と関東大震災時の虐殺とのつながりはそれだけではない。これまでの研究では、日本国内での朝鮮人に関する報道が、三・一運動を機に変わったことを指摘している。

三・一運動をきっかけに、あるべきでない反抗的な行動を表す「不逞」という語が「鮮人」の語と結びつき、「不逞鮮人」というフレーズが普及したのである。一九一八年以前には新聞記事の見出しに「不逞鮮人」の語は使われていなかったが、一九一九年四月から関東大震災までの間に約一二〇件に増加したことが指摘されている（金富子《キムプジャ》「関東大震災時の「レイピスト神話」と朝鮮人虐殺」）。これにより、よからぬことを企んでいるイメージ、現代風にいえば「テロリスト」のイメージが、朝鮮人と結びつけられた。

治安を担う政府当局者の統治経験、そしてそれを報じた新聞の作り出す「テロリスト」イメージ。これらの重なりあいが、官民ともに想像上の「テロリスト」にとらわれた背景の一つといえる。植民地を支配する側が被支配者に対して抱く反乱の恐怖と嫌悪が、帝都の警察機能が麻痺した状況で前面に現れたといえよう。

3　各地での虐殺の実態

虐殺の広がり

それでは、朝鮮人の虐殺はどのようなものだったのか。各地での虐殺について、これまで市民団体や研究者が多数の聞き取り証言や、回顧録・日記に記された断片的な記述の収集を積み重ねてきた。地域の証言をもとに犠牲者の遺骨の発掘も行われ、実際に遺骨が見つかった地域もある。また、慰霊碑の建立も進んでいる。

ここでは、それらの成果の一部を紹介しながら、東京・千葉・埼玉に対象をしぼって虐殺の特徴を概観したい。時間の経過と地域への拡大によって、自警団の性質が異なったことは先に述べたが、それと連動するように、虐殺も地域によって性質が異なった。

東京での虐殺

東京では、早くも震災当日の晩から虐殺が始まったという証言がある。場所は南葛飾郡の旧四ツ木橋付近である。周辺の住民は次のように証言している。

その原っぱ〔旧四ツ木橋の土手近く〕に一晩いたとき、朝鮮人騒ぎで大変だったんだ。「男の人たちはハチマキして、皆出ろ」とね。けがでもしたらつまらないことになると思い自分は出なかった。あくる日、土手に行くとおまわりが立っていた。殺された朝鮮人はずいぶんいた。二、三〇人ほども殺されていただろうか。殺したのは一般の人だった。(『風よ鳳仙花の歌をはこべ』)

一日の夜中、一時か二時だったでしょう。余震のあるころ、朝鮮人さわぎがおきたんです。自分は見なかったが、二〇人ぐらいの朝鮮人が竹槍で殺されたということを倉庫のなかで聞きました。(同前)

殺害現場を直接に目撃していないものの、一日の晩に騒ぎがあり、二〇〜三〇人の朝鮮人が民衆によって殺害されたことで、二つの証言は一致している。二日以降も、荒川放水路沿いでは朝鮮人の虐殺が続いた。現場を目撃した人の証言がある。

たしか三日の昼だったね。荒川の四ツ木橋の下手に、朝鮮人を何人もしばってつれて来て、自警団の人たちが殺したのは。何とも残忍な殺した方だったね。日本刀で切ったり、竹槍で突いたり、鉄の棒で突き刺したりして殺したんです。女の人、なかにはお腹の大きい人もいましたが、突き刺して殺しました。私が見たのでは、三〇人ぐらい殺していたね。（同前）

殺害したのは自警団だけではなかった。特に荒川放水路沿いでは、軍隊が朝鮮人を殺害したという目撃証言が多数ある。

軍隊が殺したけど、言っていいのかどうか……。綾瀬川の河原でね、一二、三人ぐらいの朝鮮人を後ろ手に縛って数珠つなぎにし、川のほうに向かせて立たせて、こちらの土手の上から機関銃で射ちましたね。まだ死なない人には興奮した兵隊が刀で切りかかったんですよ。それを止めた兵隊もいました。（西崎雅夫『関東大震災朝鮮人虐殺の記録』）

二二、三人の朝鮮人を機関銃で殺したのは旧四ッ木橋の下流の土手下だ。西岸から連れてきた朝鮮人を交番のところから土手下におろすと同時にうしろから撃った。一挺か二挺の機関銃であっというまに殺した。それからひどくなった。（『風よ鳳仙花の歌をはこべ』）

四ツ木橋の下手の墨田区側の河原では、一〇人ぐらいずつ朝鮮人をしばって並べ、軍隊が機関銃でうち殺したんです。（同前）

一個小隊くらい、つまり二、三〇人くらいいたね。二列に並ばせて、歩兵が背中から、つまり後ろから銃で撃つんだよ。二列横隊だから二四人だね。その虐殺は二、三日続いたね。（同前）

このように、軍隊が直接に朝鮮人を虐殺したことを多くの地域住民が目撃し、記憶しているのである。

官憲が流言を広め、軍隊が戒厳令を布き、朝鮮人を殺す。こうした公権力の直接的な関与が、多くの日本人に流言を真実だと信じさせる結果となったことは想像に難くない。

虐殺が多発した荒川放水路沿いは、亀戸《かめいど》町・大島《おおじま》町・吾嬬《あづま》町など、第一次世界大戦後の好景気を機に工場が林立し、仕事を求めて多くの人が流入した地域であった。またこの地域では、荒川放水路橋梁工事などが行われており、この工事のために一時的に移り住んできた土木労働者も多かった。そこには朝鮮人労働者も含まれていた。また、震災時に荒川放水路沿いは東京から避難した人びとの通り道であったことも大きい。

自警団を結成した民衆による虐殺と、軍隊や警察（後述）による虐殺という、まさに「官民一体の虐殺」が東京の特徴であった。

千葉での虐殺

震災直後、千葉には東京から多くの罹災者が避難してきた。総武線沿線では、九月三日に五万～六万人が避難してきたという（『いわれなく殺された人びと』）。それとともに、朝鮮人に関する流言も広まった。

北総鉄道（のちの東武野田線）の工事現場で働く朝鮮人労働者を、自警団が針金でしばって船橋警察署に連行したところ、東京の避難民が「そんなやつらたたき殺してしまえ」といい、それを機に暴行が始まったという証言がある（同前）。このほかにも、船橋では九日市《ここのかいち》などで虐殺が起きた。

九月四日頃から朝鮮人を習志野《ならしの》収容所へ収容することが決定されたが、九月七日から九日のあいだに、軍隊が収容していた朝鮮人を周辺の村に配り、自警団に殺害させたとされる。住民の日記に以下のような記述がある。

七日〔中略〕午後四時頃、バラックから鮮人を呉れるから取りに来いと知らせが有ったとて、急に集合させ、主望者に受け取りに行って貰う事にした。〔中略〕夜中に鮮人十五人貰い、各区に配当し〔中略〕共同して三人引き受け、お寺の庭に置き番をしている。

八日〔中略〕又鮮人を貰いに行く。九時頃に至り二人貰って来る。都合五人〔中略〕穴を掘り座らせて首を切る事に決定。〔中略〕穴の中に入れて埋めて仕舞う。（同前）

こうした記述は翌九日まで続く。一方、当時船橋警察署の巡査部長の証言では、「近所の自警団から、二人くらいもらいたいが、今日はどうでしょうか、ともらいにくる。それで傷の多いのとか、厄介な奴、人に逆らって喧嘩ふっかけるような奴はいない方がいいと思うから、二人ぐらいずつ自警団に渡した」と駐在所の警官から報告があったという（同前）。

一方、当時騎兵第一四連隊本部の書記だった人物は、習志野騎兵連隊が九月中旬に収容所の営庭で朝鮮人を虐殺したと証言している。

救護する目的でつれて来たんですけれども、朝鮮人が暴動起こしそうだちゅ《マ》ん《マ》で、朝鮮人をひっぱり出せという事で、ひっぱってきたんですねえ。私の連隊の中でも一六人営倉に入れた。それが四個連隊あるんですから。

おかしいようなのは、みんな連隊にひっぱり出してきては、調査したんです。ねえ、軍隊の中で……そしておかしいようなのを……ホラ、よくいうでしょう。……切っちゃったんです。日本人か朝鮮人かわからないのも居たわけですね。〔中略〕……私は切りません……三〇人ぐらいいたでしょうね。ところが、私の連隊ばかりじゃない。他の連隊もみんなやる。（同前）

こうした軍隊による虐殺もあったが、先述のように、自警団による虐殺も多かった。ただし、その場合も、軍隊が無関係であったわけではない。当時のことを、住民は次のように証言している。

無線の海軍所長が、浦安《うらやす》、行徳《ぎょうとく》に六〇〇人の「不逞鮮人」が来るから今夜警戒たのむと、銃を渡されて、二声かけて返事をしなかったら、撃ってもいいってわけですよ。〔中略〕朝鮮人は見たら殺せというですもの、まあすごかったですよ。（同前）

軍関係者が民衆に暴力行使を許可したことが、虐殺につながったのである。

埼玉での虐殺

埼玉県では、先述のとおり、九月二日に出された「不逞鮮人暴動に関する件」という通牒を受けて、各町村に自警団が結成された。埼玉でも、東北線・東上線・東武線など鉄道の運転が再開された九月二日以降、東京の罹災者が数多く避難してきた。

自警団は各駅で降りてくる罹災者を救助しながら、一方でその罹災者が日本人であるかどうかをチェックした。日本語が怪しければ、警察に連行したり、その場で暴力をふるったりした。

片柳村《かたやなぎ》（現さいたま市）では、九月四日の午前二時頃、自警団に見つかった朝鮮人が竹槍や日本刀で重傷を負わされ、死亡した。熊谷では、護送されてきた朝鮮人二〇〇人ほどのうち、逃げ出した朝鮮人が殺されたのをきっかけに、道々で数人から二〇〜三〇人ずつ殺された。「戒厳令がしかれていましたので、護送されて来た朝鮮人が逃げ出したら半鐘をたたき、寄ってたかって一人残らず殺すことになっていた」という証言もある（『かくされていた歴史』）。

本庄警察署では、警官の制止を振り切って、自警団が本庄署内に侵入し、保護されていた朝鮮人を殺害したほか、九月三日夜に保護した警察が朝鮮人を輸送する際に、途中の神保原《じんぼはら》で自警団に襲撃された（神保原事件）。本庄署の襲撃は軍隊がかけつけて、民衆に対して銃剣を向けたことで、ようやく収束を見た。これについては、次章で詳しく取り上げる。

このように、内務省の通達で結成された自警団は、警察の意図を乗り越えて朝鮮人を虐殺した。軍隊との関係も東京とは異なった。東京では、軍隊が民衆の虐殺行為を正当化する役割を果たしていたが、ここでは軍隊は民衆の虐殺を制止する側にも回っている。

この差異は、時間の経過がもたらしたと思われる。後述するように、九月四日頃から、政府・軍隊は流言を打ち消し、拡大した虐殺行為を収束する方向へと転換した。そのため、埼玉では、自警団の結成を促す内務省の通達を受けて民衆が動き始めた直後に、警察・軍隊は民衆の動きを制止する側に回ったのである。結果として、官民一体の虐殺だった東京とは異なり、埼玉では民衆中心の虐殺となった。

性暴力

朝鮮人に対して日本人がふるった暴力には、性暴力が含まれていた。一四歳の少年工だった人は、次のような手記を残している。

当時古川沿岸地帯にはたくさんの荷馬車業者があった。その荷馬車屋に住み込み、夫婦で働いていた若い朝鮮人がいた。〔中略〕たけりたち、気狂いじみた自警団幹部は、この若い妻君を見のがさなかったのです。どこへ逃がした！　かくしたところを言え！…といって彼女をら致してゆくのを私は目撃したのです。そして、ただあ然と眺めるだけでした。哀号！　哀号と泣きさけぶ声が少年の私に強烈な印象感覚を与えました。〔中略〕馬車屋に夫婦で雇われていた私の知りあいの朝鮮人の奥さんの方が、近くの雑木林の中で凌辱を加えられ、虐殺されたということを聞いて知っています。（西崎『関東大震災朝鮮人虐殺の記録』）

荒川放水路沿いでも、連行され、虐殺された朝鮮人の中に女性がいたことが証言されている。「なかには女も二、三人いた。女は……ひどい。話にならない。真っ裸にしてね。いたずらをしていた」（『風よ鳳仙花の歌をはこべ』）。女性の遺体を損壊する行為もひどかった。

亀戸五ノ橋に朝鮮人婦人のむごたらしい惨死体があるから見て来い、といわれた。〔中略〕惨殺されていたのは三〇ちょっと出た位の朝鮮婦人で、性器から竹槍を刺している。しかも妊婦である。正視することができず、サッサと帰ってきた。（山田『関東大震災時の朝鮮人虐殺』）

同様の遺体の損壊は、埼玉の神保原でも目撃されている。

朝鮮人女性に対する性暴力が行われた一方で、流言では「朝鮮人が日本人女性を強姦している」という内容が広く流れたことが、近年の研究で指摘されている（金富子「関東大震災時の「レイピスト」神話と朝鮮人虐殺」）。

先に述べた司法省調査の犯罪にも「強姦」「強姦殺人」「強盗強姦」が三件報告されているが、他の犯罪と同様に容疑者の姓名は不明である。朝鮮人と特定できないはずにもかかわらず、朝鮮人の犯行とされているのである。日本人男性による朝鮮人女性への性暴力が行われる一方、朝鮮人男性が日本人女性を凌辱したという流言が広まった。朝鮮人が徒党を組んで日本人を襲撃するという流言に対し、実際には日本人が自警団を組んで朝鮮人を襲撃していたことと、全く同じ構図である。

朝鮮史研究者の金富子は、日本人男性による朝鮮人の虐殺は、「想像上の「朝鮮人レイピスト」から日本人女性を守るための日本人男性による「男らしさ」の発揮」であったとも指摘している。

朝鮮人の対抗暴力

ここまで関東大震災時に起きた朝鮮人虐殺が、根拠のない流言に基づいた、一方的な殺害であったことを述べてきた。歴史修正主義者がどれだけ虐殺の正当化を試みようとも、デマに基づいた官民による一方的な虐殺であったことは、日本人を含む多くの証言が示している。

しかしだからといって、被害に遭った朝鮮人が完全に無力な存在であったわけではない。第1章でも述べたように、暴力の被害者を、暴力を「ふるわれた」客体と見なすだけでは、歴史の重要な側面を見落とすことになる。

生き残った朝鮮人の証言によれば、抵抗する余地なく襲撃されたり、荒縄などで縛られたりしている。当然、このように拘束されることを人びとは拒んだ。「針金でもってそこの三八人もの子ども女、老若男女問わず手を前でしばられ、中にはしばられるのがいやだって抵抗したのもありました」という日本人の証言がある（『民族の棘』）。

しかし相手は竹槍や鳶口《とびぐち》、日本刀を持って武装した集団なのだから、それに従わざるを得なかっただろう。

朝鮮人同士で数珠つなぎにされて、武装した自警団に見張られながら歩かされたり、トラックで移送されたりした。どこに連れて行かれるのか、その先で何をされるのかわからないなか、何人もが隙を見て脱走を試みた。生存者の一人は、寺島警察署に連行された時のことを、「途中「あそこに朝鮮人が逃げるぞ！」と誰かが叫べば、皆んながいっせいにとびかかり、悲鳴と共に同胞は虐殺された」という状況だったと証言している（同前）。

逃げ出せば殺される。しかし収容された先で命に保障はなかった。東京の寺島警察署では、日本刀を抜いた巡査によって「警察の命令に従わず逃げだしたから」という理由で、八人もの人が殺されたという。

このような極限的な状況にあって、自らの力でその場を逃れ、生き延びた人もいる。その一人である愼昌範は、上野で被災し、南葛飾郡吾嬬町の友人の家に身を寄せていたが、三日の夜は荒川堤防に避難した。四日の朝二時頃、うとうとしていると「朝鮮人をつまみ出せ」「朝鮮人を殺せ」などの声がしたあと、武装した自警団が寝ている人を朝鮮人かどうか確かめはじめた。殺される人が出るなか、横にいる弟と義兄に合図し、鉄橋から無我夢中で飛び降りた。葦の中に隠れたが、自警団に見つかってしまう。その時のことを次のように証言している。

死に直面すると、かえって勇気が出るものです。いままでの恐怖心は急に消え、反対に敵愾心が激しくもえ上りました。〔中略〕力では人に負けない自信を持っていました。ですから「殺されるにしても、俺も一人位殺してから死ぬんだ」という気持ちで一ぱい

でした。そして川の中での死に物狂いの乱闘が始まりました。（同前）

このあと、自警団に川から引き出され、日本刀を振り下ろされて、左手の小指が飛んだ。そして、日本人に抱きついて、日本刀を奪ってふりまわしたところで、記憶が途切れているという。その後、死体置き場に放置されているところで意識を取り戻し、弟に助けられて一命を取り留めた。

このほかにも、朝鮮人が目の前で殺されるのを見ているうちに、「はじめは、恐怖におびえたが、あとからは日本人に対する憎悪心――あんな奴らに、おとなしく殺されるものか、どうせ死ぬなら必ずやつらを殺してからだ――という、火の玉のような憎しみ」が湧いたという証言もある（同前）。

襲撃された人びとは、ただ恐怖に打ち震えていただけではなかった。何としてでも生き残ろうと死にもの狂いの抵抗や逃亡を試みた。しかし、「朝鮮人暴動」の流言が飛び交うなかでは、ほんの少しの抵抗も悪意と受け取られ、多勢に無勢の対抗暴力もすべて流言を裏付ける証拠となってしまう。抵抗して逃げ出した人の多くは、日本人によって殺害された。それでも、かろうじて生き残った人びとの証言によって、虐殺の実態が明らかになったのである。

4　虐殺の痕跡を打ち消す国家

流言を打ち消す

九月五日、山本権兵衛内閣は一転して事態の収拾を図るべく、朝鮮人への迫害を諌める告諭を発した。取り締まりは軍隊・警察が行うため、「民衆自ら濫に鮮人に迫害を加ふるが如きこと」を戒める内容だった（『現代史資料』6）。告諭中に「諸外国に報ぜられて決して好ましきことに非ず」とあるように、海外からの批判を回避することを視野に入れた方針転換であった。告諭と同時に、地方長官に対して流言を流布する新聞記事の差し止め・差し押さえを命じた。

九月九日には、戒厳司令部より、群馬県上空から「飛行機から皆さんへ」と題するビラが撒かれてもいる（『館林市史』資料編5）。「埼玉、群馬地方一帯に不穏の流言、殊に鮮人に関する蜚語《ひご》盛《さかん》にして人心兢々たる由なるも、其真相を偵察せるに多くは虚伝にして特に憂慮すべき程の事にあらざるを確めたり」として、人心の安定を図る内容だった。

殺害者数の検討

震災の混乱のなか、いったい何人の朝鮮人が日本人に殺害されたのだろうか。戦前に行った代表的な調査は三つある。

一つは、司法省の「震災後に於ける刑事事犯及之に関連する事項調査書」である。ここでは合計を約二三〇人としている。三つの調査のうち最も少ない。

二つ目が、崔承万《チェスンマン》・吉野作造の調査で、吉野が『大正大震火災誌』に寄稿する予定で発禁処分を受けたものであるが、吉野が交流のあった崔承万から聞いたものと推定されている。合計は二六一三人となっている。

三つ目は、在日本関東地方罹災朝鮮同胞慰問班による調査で、合計は六六六一人となっている。

なぜ調査にこのような差があるのだろうか。これまでの研究が指摘しているのは、遺体が焼かれたり埋められたりして、殺害の証拠が隠滅されたため、正確な人数を把握するのが困難であった点である（山田『関東大震災時の朝鮮人虐殺』）。

次章で見るように、当時埼玉県本庄署の巡査は「数がわからないようにしろ」という「お上の命令」を受けて、朝鮮人の死体を焼き、焼け残った遺体は「又やりなおした」と、のちに証言している（『かくされていた歴史』）。

東京の荒川放水路沿いでは、虐殺された朝鮮人の遺体を焼いて埋めたことが多くの目撃者の証言でわかっている。

荒川駅の南の土手に、連れてきた朝鮮人を川のほうに向かせて並べ、兵隊が機関銃で撃ちました。〔中略〕何人殺したでしょう。ずいぶん殺したですよ。私は穴を掘らされました。あとで石油をかけて焼いて埋めたんです。よく焼けないままでした。それに他から集めてきたのもいっしょに埋めたんです。（『風よ鳳仙花の歌をはこべ』）

これらの遺体は亀戸事件の犠牲者となった日本人労働者一〇人の遺体とともに埋められたが、遺体の引き渡しを求められたため、一度掘り起こして他箇所に移動している（山田『関東大震災時の朝鮮人虐殺』）。正確な朝鮮人犠牲者の人数を確定できないのは、このように警察・軍隊によって意図的に遺体が隠蔽されたからである。

権力犯罪が抜かれた統計

この点をふまえて、司法省調査を見直すと、合計数が最も少なかった理由が歴然とする。

南葛飾郡では、司法省の調査では二八人となっている。
一方、在日本関東地方罹災朝鮮同胞慰問班の調査では、亀戸署演武場で八六人、小松川付近で二六九人となっており、司法省調査に含まれていない数字がある。
亀戸署については、以下の目撃証言が残っている。

便所への通路の両側にはすでに三〇〜四〇の死体が積んでありました。〔中略〕亀戸署で虐殺されたのは、私が実際にみただけでも五〇〜六〇人に達したと思います。〔中略〕六日の夕方から、すぐ隣の消防署の車二台が何度も往復して虐殺した死体を荒川の四ツ木橋のたもとに運びました。〔中略〕死体は橋のたもとに積みあげ（死体の山二つ）ガソリンで焼き払い、そのまま埋めたそうです。（西崎『関東大震災朝鮮人虐殺の記録』）

数が多い小松川付近については、当時騎兵第一四連隊本部書記だった人物の、次のような証言が残っている。

小松川というあそこの橋で朝鮮人が暴動を起こしたっていう連絡があったんですねえ。〔中略〕小松川なんかあれですよ。向こうから、朝鮮と思われるようなのをまとめて追い出し、こっちから機関銃ならべて撃ったんですよ。橋の上で、もうみんな、それが、川の中へバタバタおっこっちゃったわけですねえ。(『いわれなく殺された人びと』)

司法省調査には、こうした警察や軍隊による大量の虐殺が含まれてなく、自警団による殺害のみがカウントされている。権力犯罪が、権力側の資料に正確に記録されることはまれである。南葛飾郡という一地域についてもこれだけの差があるのだから、東京・千葉・埼玉・神奈川を含めた全域で同様に統計が取られたとすれば、合計数に大きな開きがあるのもうなずける。

したがって、司法省調査の数字よりはるかに多いのは確実だが、確定的な数字を導き出せる証拠は今のところ得られていない。むしろ犠牲者数を正確に特定できないことこそ、警察・軍隊が直接関与した関東大震災時の虐殺の特徴を表している。強調すべきは、犠牲者数を特定できないからといって、朝鮮人虐殺があった事実は揺らがないことである。

自警団だけが裁かれる

裁判でも公権力による殺害は不問に付された。朝鮮人を殺害した罪で被告になったのは自警団などの民間人だけで、軍隊や警察が犯した殺人については起訴されることはなかった。

犠牲者数の司法省調査と同じからくりである。軍隊や警察が自警団の結成を促し、朝鮮人への暴力を許可したにもかかわらず、民間人のみが裁かれたことに対して、怒りの声があがった。先行研究では次のような新聞の投書を紹介している（山田『関東大震災時の朝鮮人虐殺』）。

私は、三田警察署長に質問する。九月二日の夜、××〔鮮人〕襲来の警報を、貴下の部下から受けた私どもが、御注意によって自警団を組織した時、「××〔鮮人〕と見たらば、本署へつれてこい、抵抗したらば○〔殺〕しても差し支えない」と、親しく貴下からうけたまわった。あの一言は寝言であったのか、それとも、証拠のないことをよいことに、覚えがないと否定さるるか如何。（『東京日日新聞』一〇月二二日）

私は巣鴨の住民だが、巣鴨の警察署は、警察用紙へ「井戸に毒を投ずるものあり。各自注意せよ」と書いて、各所へはり出した。〔中略〕われわれが竹槍やピストルを持って辻を堅めていると、巡回の警官は禁じもせず、かえって「御苦労様」とあいさつしてあるいた。（『東京日日新聞』一〇月二二日）

公権力のお墨付きのもとに行われた虐殺であったが、一〇月になると東京で自警団の一斉検挙が始まった（千葉・埼玉ではより早い時期に行われた）。ただし、実際に殺害に携わった人数は多かったにもかかわらず、裁判にかけられたのは、ごく一部であった。

さらに、量刑の軽さも指摘できる。判決では、懲役二、三年のものが多く、執行猶予がつく場合も多かった。ただし、朝鮮人と間違えられて日本人が殺された事件（福田村事件）の裁判の場合、懲役一〇年の実刑が言い渡されている。

痕跡は消せない

こうして見ると、「民間人によるデマ、民間人による虐殺」というイメージは、軍隊・警察による殺害が犠牲者数の調査に含まれず、死体が隠滅され、裁判で裁かれないという事後処理が深く関係している。

しかし、人が生きていた痕跡、人を殺した痕跡を、そのように簡単に消すことはできない。虐殺の現場から何とかして逃げ出し、生存した朝鮮人がいたことは先に述べたとおりである。その人びとが戦後になって語った証言によって、歴史が紡ぎなおされていった。現場となった地域住民の目撃証言・加害証言も長い時間をかけて収集され、編纂された。かつて埋められた犠牲者の遺骨が発掘された地域もある。地域の人びとによる追悼集会・慰霊祭も毎年開かれている。新聞の投書、手記や日記の断片の数々を丹念に拾い集めてまとめた書籍もある。本章で紹介した史料は、そうした成果のごく一部である。

国家はこれまで事実関係を認めることも、謝罪や補償もしてこなかった。先述のとおり、殺害された人数が特定できないからといって、殺害された事実そのものが疑わしいことにはならない。正確な数字が得られないのは、警察・軍隊といった公権力が手がけた殺害人数が不明だからにほかならない。国家が果たすべき責任は、事実を認め、謝罪や補償をとおして、被害者の人権を回復するとともに、関係する史料をすべて公開し、少しでも正確な数字を確定できる状況をつくり出すことであるはずだ。

民衆の虐殺をどう考えるか

国家の責任が重大であることは前提であるが、朝鮮人を殺す側に回った日本民衆については、どのように考えればよいのだろうか。国家によって操られた被害者と捉えるのは間違いだろう。実際に手を下した人びとは、まぎれもなく加害者である。重要なのは、これまで各章で検討したのと同様に、どのようにして殺害にいたったのか、その論理を明らかにすることである。

次章では、二つの地域で起きた事件をもとに、民衆が虐殺の加害者になった論理を説き起こしたい。

第5章　民衆にとっての朝鮮人虐殺の論理

1　加害の論理にせまる

天下晴れての人殺し

前章では、関東大震災時の朝鮮人虐殺について、国家の関与を中心に述べた。本章では、朝鮮人を虐殺した民衆の側に焦点をあわせたい。

前章で触れたように、これまでの研究では、植民地に対する蔑視と、三・一運動をきっかけに「不逞鮮人」という語がメディアをとおして広まり、朝鮮人を「テロリスト」と見なす偏見や嫌悪感が生じたことを重視している。それに加え、日本民衆が震災時の朝鮮人虐殺を「天下晴れての人殺し」と捉えていたことに注目している（山田『関東大震災時の朝鮮人虐殺』）。

この言葉は、横浜で被災した東京朝日新聞の記者が、九月三日午後の出来事として記した以下の記述をもとにしている。

労働者風の硬い筋肉をした真黒の髯男が、その仲間と話している。／〔中略〕男はウ《マ》ス《マ》キーを持っている。／「どうです、旦那一ぱい……」。／髯面が出してくれた茶碗に水を汲んで、それにウィスキーを二、三滴たらして飲んだ。〔中略〕「旦那、朝鮮人はどうですい。俺ァ今日までに六人やりました。」／「そいつは凄いな。」／「何てっても身が護れねえ、天下晴れての人殺しだから、豪気なものでサァ。」（『横浜市震災誌』5）

「何てっても身が護れねえ、天下晴れての人殺し」。お咎めを受けずにおおっぴらにやれる公認された人殺し、それも「身が護れないから」という正当防衛だからこそと認識していることがうかがえる。もちろん、前章で詳しく見たように、「身が護れない」という認識自体、流言に基づいた想像上の危機意識であり、何らの実態もなかった。戒厳令の施行や軍隊の言動が、民衆のこのような認識をつくり出したといえる。

それに加え、「豪気なものでサァ」という表現からは、警察が役に立たない時に、自分が「活躍」していることへの誇らしさや、本来刑事罰を受ける殺人行為ができることへの解放感すらうかがえる。こうした認識や感情は、軍や警察が民衆の暴力行使にお墨付きを与えたことが前提となっているが、殺害行為に対する民衆自身の能動的な姿勢も読み取れる。

労働市場での競合

そのほかの要素として、日本人の労働者層には、朝鮮人に仕事を奪われているという感覚があったことも指摘されている（山田『関東大震災時の朝鮮人虐殺』）。

前章で見たとおり、朝鮮人虐殺の裁判において被告となったのは、自警団のごく一部にすぎなかった。

その階層は、土木労働者や日雇い雑業層、工場労働者といった労働者層が多かった。彼らにとって安価で雇われる朝鮮人労働者は、自分たちの雇用を脅かす存在であった（樋口雄一「自警団設立と在日朝鮮人」）。

実際に、筑豊の炭鉱では一九二〇年代に朝鮮人労働者の数が急速に増え、日本人労働者の割合が減少した（山田『関東大震災時の朝鮮人虐殺』）。労働市場における利害関係によって、朝鮮人に対する敵対心が日常的に生まれていたという。

二つの事件から探る

これらはいずれも重要な指摘であり、妥当である。ただし、これまでの章で扱った民衆暴力と同じように、朝鮮人虐殺にも多様な意識が込められており、殺害のプロセスのなかで新たな意識や感情が湧き上がってもいたはずである。

多様な意識を掘り起こすために、この章では、二つの虐殺事件のプロセスを探ってみたい。一つは東京で起きた「官民一体」型の虐殺であり、もう一つは埼玉で起きた「民間主導」型の虐殺である。

前者は、南葛飾郡の南綾瀬村で起きた事件である。この事件については、東京弁護士会・第二東京弁護士会合同図書館に、裁判記録の写しが残っている（現在はマイクロフィルム版が早稲田大学図書館で公開されている）。警察・検事局・予審の各聴取書・調書から加害者の供述を知ることができる、貴重な記録である。

もちろん、聴取書・調書には取り調べ側のバイアスや、被疑者・被告、弁護士の意向が色濃く反映されている。聴取書・調書の記述がそのまま被告の語った内容であるとは限らず、たとえ加害者が語ったものだとしても、それが「事実」であるとも限らない。それでも、加害の当事者の目線で虐殺を捉えられるため、聞き取りや回顧録とは異なる側面が見えてくる。

後者は、前章で触れた埼玉県の本庄警察署での虐殺事件である。この事件については予審終結決定書と判決が残っているほか、加害者や関係者の聞き取り証言や手記が、その他の資料とともに、一冊の本にまとめられている（『かくされていた歴史』）。

この事件は、本庄署への焼き打ちに発展しかけるという特徴がある。これらを手がかりに、虐殺と警察署襲撃のプロセスを復元し、その意味を考えたい。

2　東京府南綾瀬村の事件

事件の概要

事件が起きた南綾瀬村は現在の足立区の南部に位置する。なかでも現場となった地域は、荒川放水路沿いにあった。南綾瀬村での虐殺は、九月三日・四日の二日間にわたった。当時村内にあった四軒長屋が、荒川放水路の工事に従事していた土木労働者の飯場《はんば》になっていた。飯場とは、飯場頭の管理のもと、食事・宿泊代（飯場代）を給料から天引きして、労働者が寝泊まりする場所のことである。長屋の一つには、九人の朝鮮人が居住していた。朝鮮人のみで形成される飯場であった可能性もあるが、たんに集団で居住していただけかもしれない。詳細は不明である。

九月三日の夜、朝鮮人の居住する長屋を日本人の自警団ら一五〇人ほどが襲撃し、中にいた九人のうち七人を殺害した。きっかけは、自警団が長屋の朝鮮人を連行するように、警察に訴えたことにあった。

手に武器を持った自警団が長屋を囲むなか、警官は中にいた朝鮮人に対し、出てくるように申し入れたが、彼らは頑として応じなかった。武器を持って自警団が待ち構えるなか、外に出れば何をされるかわからず、おいそれと応じられなかったのだと思われる。

交渉が始まってから二時間後、突如として部屋の灯が消えて、中にいた朝鮮人二人がビール瓶を投げながら飛び出してきた。瓶の割れる音を聞いた自警団は「そら、爆弾だぞ」と叫んで、飛び出してきた朝鮮人の腹を竹槍で突き、よってたかって殴打した。これを機に、自警団は長屋に踏み込み、中にいた朝鮮人を斬りつけ、殴り倒し、外に引きずり出して、殺害したのである。

ビール瓶を投げたこと以外、長屋の朝鮮人たちは全くの無抵抗だった。しかし、前章で述べたとおり、「朝鮮人暴動」の流言が飛び交うなかでは、ほんの少しの抵抗でも「暴動」を裏付ける証拠と受け取られてしまう。朝鮮人がビール瓶を投げると、すぐさま爆弾を投げたと見なされ、殺害の根拠となった。

この時、近くにいた人たちは投げられた物体がビール瓶であったのを知っていたが、「そら爆弾だぞ」という言葉が否定されることはなかった。朝鮮人虐殺を「身が護れない」がゆえの正当防衛と見なす当時の認識は、このような欺瞞の上に成り立っていた。

この状況で九人のうち二人が逃げ出せたのは、奇跡的にも思える。しかし翌四日朝、逃げた二人のうち一人が近隣で発見され、殺害された。もう一人の行方は、少なくとも裁判記録からはわからない。

三つの自警団

現場にいたとされる日本人の人数は一五〇〜二〇〇人であり、三日の夜には大勢でやみくもに朝鮮人を殴打しているが、南綾瀬村の事件の裁判でも被告になった人数は一一人にすぎない。民間の加害者のほんの一部のみが刑事罰に問われた点は、他の裁判と同様である。

その一一人の住所・本籍や供述をふまえると、虐殺の現場には少なくとも三種類の自警団がいた。

一つは本籍・住所とも南綾瀬村の村民で構成されたものである。いわゆる地付きの自警団といえる。

二つ目は、住所は南綾瀬村であるが、本籍が千葉県・群馬県などばらばらな人たちで構成されたもの。つまり、土木工事その他の理由で南綾瀬村に新たに移り住んできた人たちでつくった自警団である。供述によれば、南綾瀬村に来てから三〜一〇ヵ月の者が多い。

三つ目は、騒ぎを聞いて隣町の南足立郡千住町から現場に駆けつけた自警団である。被告の住所・本籍とも千住町である。

つまり、一つの虐殺の現場には一つの自警団というわけではなかったのである。複数の自警団が一ヵ所に住む九人の朝鮮人を襲撃していたことからも、虐殺が一方的であったことがうかがえる。

軍隊の影響

このような事態はどのようにして生じたのだろうか。各被告の供述が示しているのは、四ツ木橋付近で軍隊が朝鮮人を虐殺したことが、南綾瀬村での虐殺と深く関わっていることである。複数の被告が、四ツ木橋での話を聞き、それによって朝鮮人への殺意が芽生えたのだと供述している。被告の一人は九月二日の状況を、次のように述べている。

そうこうする内に、大部兵隊がやって来、朝鮮人が爆裂弾を投げたり、綿に油を付けたものを家へ投げ込んで火災を起したり、日本人を殺したり悪い事ばかりするので、四ツ木橋方面で大分軍隊の為めに殺されたと云う様な話があり、私はそれを真実と思い、今も鮮人が飛び込んで来るかも判らない、もし来たならば鮮人と格闘してもこれを取り押さえ、村の人や避難民の為めに害を除こう、手向かったならば殺して仕舞うと固く心に期して居りました。（被告人第一回予審調書、『都市と暴動の民衆史』）

朝鮮人が爆裂弾（ダイナマイト）を投げたり、放火したりするために、四ツ木橋のほうで軍隊のために殺されたという話を聞いて、自分も村の人や避難民のために朝鮮人に立ち向かおうと決心したのだという。その話をしたのが、南綾瀬村にやってきた兵隊のようにも読める。

そうであれば、朝鮮人に関する流言を軍隊が広めていたことに加え、四ツ木橋での軍隊による虐殺を軍隊自身が認めていたことの二つの証拠になるだろう。しかし、そうでなかったとしても（たとえば、避難民による話であったとしても）、軍隊が四ツ木橋で朝鮮人を殺したことが、「朝鮮人が放火した」という流言に信憑性を与えたことは読み取れる。

他の被告も、四ツ木の土手で大勢の朝鮮人が殺されているのを見に行ったことで、「鮮人は実際火を放ったり何か悪い事をするに違いない」と思い、自分の村に来て悪さをしようとしたらやっつけてやろうと考えたと供述している。

流言をもとに虐殺が行われただけではなく、虐殺（特に軍隊による虐殺）が、このように殺されるくらいだから悪いことをしたに違いないという真実味を流言に付与し、さらなる虐殺が生み出される。東京近郊で起こったのは、こうした流言と虐殺の連鎖であった。

身を挺す義侠心

南綾瀬村の事件では、直接的に殺害を実行したのは自警団であったが、国家権力がその暴力を直接的・間接的に許可したことが極めて大きかった。

そのことをふまえたうえで、殺害した民間の人びとの主体的な論理を考える必要がある。被告人の一人は、四ツ木橋で軍隊によって殺害された死体を見て、「自分もやっつけてみたいという様な気を起こした」と述べている。この「やっつけてみたい」という表現からは、加害者の能動性が垣間見える。

この能動性の一つは、国家権力とは異なる、自分たちの力の世界がこの危機を支えるという感覚であろう。南綾瀬村の虐殺において、朝鮮人が住んでいた長屋に率先して乗り込んで、朝鮮人を殴りつけ、翌朝にも朝鮮人一人を竹槍で刺した人物は、自警団の第二グループ、すなわち土木工事のために一時的に南綾瀬村に移り住んできていた人物だった。

彼の供述によれば、九月二日の朝、余震が頻繁にあるため、家族とともに長屋前の空き地に避難していると、焼け出されて逃げてきた避難民が通りかかった。避難してきた人たちは「朝鮮人にこういう目に遭わせられ、頼んで行くところもなく困った事だ」といい、「水を飲ませてくれ」と頼んだ。彼は避難民に水を飲ませて、にぎりめしを与えたという。

その後、先に引用したとおり、軍隊による四ッ木橋での殺害について聞き、「今も鮮人が飛び込んで来るかも判らない、もし来たならば鮮人と格闘してもこれを取り押さえ、村の人や避難民の為めに害を除こう、手向かったならば殺して仕舞う」と固く心に期したのである。

地域社会のよそ者でありながら、村民や避難民のために立ち上がろうとする義侠的な精神を、ここに見ることができるだろう。緊急時にひと肌ぬぎ、共同体のために役に立ちたいとする精神が、朝鮮人を率先して虐殺する結果につながった。彼にとって、焼け出されて命からがら逃げてきた日本人の避難民を助けることと、朝鮮人の命を奪うことは何ら矛盾する行為ではなかったのである。

自警団の様子．軍服を着ているのは在郷軍人と思われる（『現代史資料』6より）

虐殺と「男らしさ」

腕っ節の強さ、豪快さ、剛胆さ、弱きを助ける義侠心を価値あるものと見なす文化が、男性労働者のあいだで形成されていたことは、第3章で見たとおりである。富や学がなくとも、自己の矜持を保てるオルタナティブな価値体系であった。

関東大震災後に流言が広がるなか、想像上の「レイピスト」から日本人女性を守ろうとする「男らしさ」が、日本人男性を虐殺へと駆り立てていたことを前章で述べた。

南綾瀬村のケースでも、「男らしさ」の一つである、身を挺して弱きを助ける義侠心が、朝鮮人を虐殺する方向に作用していた。彼の場合は、義侠心が朝鮮人の命を守る方向に働くことはなかった。

報復の恐怖

もう一つ付言すべきは、一方的な殺害ののちに、新たな感情が地域の人びとに生まれたことである。それは報復の予感であった。

被告の一人は、長屋の持ち主から「まだ七人しか殺していない。あと二人いるが、その二人がどこかに行って報告をし、軍勢を引き連れて来るようなことがあっては、今度は自分どもがやられるから、今晩は警戒してもらいたい」と頼んできたと証言している。

そもそも「不逞鮮人」という呼称自体、植民地支配に対する朝鮮人からの報復を予感するからこそ、生まれた言葉といえる。その偏見によって想像上の「テロリスト」が襲ってくるという流言が生まれ、朝鮮人を殺害した。殺害すると、今度は存在するはずもない想像上の「軍勢」がつくり出され、報復の不安にさいなまれて新たな殺害へと駆り立てられる。

こうした感情の動きは、南綾瀬村の人びとだけではないだろう。各地で行われた虐殺が徹底的で執拗であったことの要因の一つと思われる。

3　埼玉県本庄警察署の事件

事件の概要

埼玉県児玉郡本庄町は、埼玉県の北部に位置し、群馬県と近接した養蚕地域である。町内には製糸工場があり、震災当時はそこで朝鮮人労働者が働いていた。

震源から距離があるため、児玉郡は震災での被害が少なかった。内務省編『大正震災志』によれば、住宅の被害はゼロであり、住宅でない建物に若干の被害があった程度である。一方で、県内で保護・検束された朝鮮人が群馬県などに移送される経路にあたっていた。

九月三日の夕方頃には、列車からおろされた朝鮮人や町内に住んでいた朝鮮人が、本庄警察署に収容されていた。そこに四日夕方からは、各地で保護・検束された朝鮮人を乗せたトラックが五台ほど、本庄署に移送されてきた（『かくされていた歴史』）。

虐殺は四日の夜から五日の明け方にかけて起きた。自警団が本庄署に集まり、トラックに乗っていた朝鮮人を、日本刀・鳶口・棍棒などで殺害し、そのまま署内になだれ込み、収容中の朝鮮人を殺害した。多くの人が、本庄署での犠牲者は八五人前後だったと証言している（同前）。たとえば、本庄署の巡査は「警察署の構内で殺されたのは八十六人だが、本庄市内で殺されたのもいた筈だ。死体も見たが十五、六人位…」と述べている。

自警団の警備

本庄町では、九月三日頃から多くの被災者が避難してきた。青年団・婦人会などが炊き出しなどの救護活動を行った。その被災者からの口伝えと、埼玉県内務部長の通達により、町内に「朝鮮人暴動」の流言が飛び交った。郡役所からも「朝鮮人が東京で悪いことをした。見たらつかまえて警察につき出せ」と指示があり、救護活動は「朝鮮人狩り」に変わったのだという（同前）。

当時青年団員だった人たちは、「郵便局の前に検問所を作って、通る自動車を止めたり、「風態の悪い人」をつかまえて、「あいうえお」、「いろはに」を全部暗唱させたりしました」と証言している。

巡査から「警察で朝鮮人を殺しているので、青年団は住民を外に出さないよう街を警戒しろ」といわれ、青年団が町内を見張ったと証言する人もいる。

虐殺の現場

署内で起きた虐殺について、当時の巡査は、「その残酷さは見るに耐えなかった」と回顧している。署内にいた朝鮮人の子どもたちは並べられて、親の見る前で首をはねられた。その後、親も「はりつけにしていた」という。この巡査以外にもその場にいた複数の人が、生きている人間の腕をのこぎり・鉈《なた》で切っていたと証言している。「朝鮮人暴動」のデマを信じてしまったからというだけでは片付けられない残虐さが、ここにある。

当時の町議は、「この人たちは、あとは全事件を通じほとんど抵抗らしい抵抗をみせず、ただ手を合せて助けてくれとおがむだけだったのですから、ずいぶんむごいことでした」と回顧している。同様のことは熊谷での警察署付近での虐殺にも当てはまる。そこでは「こんな時に斬ってみなければ、〔日本刀の〕切れ味がわからない」という言葉が発せられたという（同前）。日頃は抑圧している人を殺すことへの嗜虐的な好奇心が、朝鮮人を殺害する過程で湧き上がったというよりほかない。

また本庄署では、虐殺のあとで「おばあさんと娘」が来て、「自分の息子は東京でこのやつらのために殺された」といって、朝鮮人の死体の目玉を出刃包丁でくりぬいたという証言がある（同前）。身内の生命が震災で失われた事実を正面から受け止めるよりも、誰かを「敵」として設定して「復讐」できたほうが、やりきれぬ思いを紛らせられる。罪のない人間の死体を損壊する行為は、そのような要因でなされてもいた。

恩賞にあずかる

本庄警察署の巡査は、「事件後人々は、この事件でのおとがめはあるまい、もし何らかのさたがあるとすれば論功行賞だと考えていた」と述べ、検挙された人は検事局での取り調べで検事に「人を殺してほうびをもらえるのは戦争の時だけだ」といわれると、「それじゃ何も知りません」という態度であったと、のちに証言している（同前）。国家が暴力行使にお墨付きを与えた結果、人びとは罪悪感なく殺害に手を染め、暴力はエスカレートした。

国家に委託された暴力であるがゆえに、そこでの殺害行為は、その人数が多ければ多いほど、国家に貢献した誇るべき証となった。在郷軍人会役員の一人も、在郷軍人会員で殺害に加わった者は、「なにしろ殺すことを、英雄気取りで自慢などしておりました」と述べている（同前）。熊谷でも、虐殺後に、恩賞にあずかりたいと届け出が出されたというから、虐殺を誇る意識は広く共有されていたと思われる。

そのうえで考えたいのは、なぜ国家の役に立つことをそこまで求めたのか、という点である。虐殺事件の翌日、本庄警察署の巡査は「不断剣《ママ》つって子供なんかばかりおどしやがって、このような国家緊急の時には人一人殺せないじゃないか、俺達は平素ためかつぎ〔溜め担ぎ。屎尿の運搬のこと〕をやっていても、夕べは十六人も殺したぞ」と言われたと、のちに証言している（同前）。日頃、農作業で人のいやがる仕事をしていても、いざとなれば巡査よりも役に立つ。反官意識とともに、国家への貢献が自己の重要性の確認につながっていることが読み取れる。

多数の朝鮮人を虐殺したことは、日頃警察権力に抑圧される側であっても、国家的な危機に際して、気の弱い官より身を挺して立ち向かえる証となった。

報復の恐怖

それに加え、ここでも「報復の恐怖」があった。警察署内で、留置所の中にいたために生き残った朝鮮人一人に対し、「凶行を見られてしまったからには、朝鮮へでも帰って話されたら大変」ということで、留置所の鉄格子の間から竹槍で突いて殺そうとしたが、結局果たせなかったという（同前）。一度殺しはじめたからには全員を殺さないわけにはいかなくなる心理が大量虐殺をもたらしたことを、改めて確認できる。

死体処理

前章で殺害の証拠を消すために朝鮮人の遺体が数多く燃やされたことを述べた。本庄署の事件でも、被害者の遺体は燃やされた。巡査は次のように証言している。

死体は、翌日、県からの命令で、朝鮮から調査にくるから至急にかたづけろといってきた。〔中略〕山林に幅七尺、長さ三十六間の穴を掘り、下にまきをしき、その上に死体を並べて、上から石油をかけて火をつけた。焼いたのは夜だったが、朝になっていってみると、頭や、足、手首などが殆ど残ってしまっていた。残った頭など五十位あっただろうか。何しろ「数がわからないようにしろ」というお上の命令なので、残ったのは、又やりなおした。（同前）

在郷軍人会分会役員も、「私も見たのですが、死体は、荷車で火葬場に運び、穴を掘って薪を入れ、石油をかけた上に死体を置き、その上に石油をかけて焼きました。しかしよく焼けませんでした」と証言している。また、焼き直しの時に「いやな臭いがしました」という証言もある（同前）。

巡査は、被害者数をわからなくするために死体を燃やせというのが、県（「お上」とも表現されている）の命令であったと証言している。また刑事課長からは「本当のことを言うなと差しとめ、実際は鮮人半分、内地人半分だったと証言しろ、それ以上の本当のことは絶対言うな、と私に強要した」と述べ、本庄署勤務だった一九二六年まで一貫して「内地人半分」と言い続けていたという（同前）。

先に述べたとおり、数々の証言を重ね合わせると、本庄署内で殺された人数は八五人前後であった。その半分の数字を巡査が報告したとすれば、司法省調査が本庄署で殺害された朝鮮人の人数を「約三十八名」としていることとおおよそ符合する。本庄事件は、民間が主体となった虐殺であったが、そうしたケースですら、死体や犠牲者数は隠蔽されていたのである。

記憶のなかの叫び声

だが、たとえ死体を燃やしても、虐殺の痕跡を消すことはできなかった。当時在郷軍人会の分会役員で殺害現場にいた人物の証言には、次のようなくだりがある。

私が、特に耳に残っているのは、朝鮮人が屋根裏に逃げて息をころしているのを、下からねらっていて、天井が少しでも動くと群衆が槍や棒でつき、引きずり落として殺している時の、「アイゴウ、アイゴウ」と助けをもとめる声でした。（同前）

直接殺害を制御しなかった巡査も、「私は長い間、朝鮮人の「アイゴウ−アイゴウ」という悲痛な叫びが耳からはなれなかった」とのちに述べている。このほかにも複数の人が、殺害された朝鮮人が「アイゴウ、アイゴウ」と叫んでいたことを記憶にとどめ、証言している。殺害の罪悪感や悔悟を明確に自覚した人がどれだけいたかはわからない。それでも、人びとの記憶のなかに、死体を焼いた時の臭いや、朝鮮人の叫び声は残り続けた。人が生きていた痕跡、人を殺した痕跡は、やはり容易に消せるものではない。

本庄警察署の焼き打ち未遂

虐殺の翌日、本庄署が民衆に襲撃された。この時の標的は、朝鮮人ではなく、本庄署の署長と本庄警察署の建物そのものだった。署長がいるかどうかと、民衆と警官が押し問答になり、署内に押し入って器物を破壊したうえ、放火を試みた。

本庄署内での虐殺事件の予審終結決定には、九月六日の午後八時頃、署長に反感を持っていた約一〇〇〇人の民衆が本庄署に殺到し、署長に危害を加えようとしたほか、放火しようと気勢を上げたと記されている。

本庄署の近くに住んでいたと思われる人の証言では、六日に「署長を殺せ」「警察署を焼け」と人びとが殺気だっており、「石油缶、三個を持って行くのを見ている」と、証言している。本庄署の巡査は、「署長の生首を警察の屋根にかけるんだといって、棒や俵や、石油かんを三十本も運んできた」と述べている（同前）。

当時の町議は、「群衆はふえる一方で、中には炭だわら、石油、ボロくずなどをはこぶ者もあり、今にも焼打ちという状態になりました」と、のちに新聞に記している（同前）。

署長は在郷軍人会員の一部と近隣住民、新聞記者などに助けられて、逃げ出すことができた。また、軍隊の到着によって、焼き打ちは未遂に終わった。軍隊の到着があと一時間遅ければどうなったかわからない、という証言が複数見られる。

焼き打ちの要因

前日まで朝鮮人に向けられていた民衆の暴力が、一転して警察署長に向けられることになったのは、なぜなのか。当時の関係者の証言から、三つの要因が浮かびあがる。

一つは、祭礼の神輿《みこし》をめぐる対立である。本庄署に着任したてだった署長が、八坂神社の祭礼で神輿を担ぐことを規制し、地域住民とトラブルになったという。本庄署の巡査は、神輿が店に飛び込んだりして混乱を起こすので、「今年はそうした混乱を起さないように係が保障しろ、もしそれができないなら、今年はみこしをかつぐな、と迫った」という（同前）。

これによって町内有力者と署長が対立し、神輿を担がないことになったが、青年団が無許可で神輿を担いだ。当時の青年団支部長は「二回程警察に引っ張られた」と証言している。この犯人調査に反発し、町内の祭事係が全員辞職したのだという。八月一八日頃だというから、虐殺の半月ほど前のことである。

二つ目は、本庄にあった遊廓の貸座敷取り締まりをめぐる対立である。当時の町議は、署長が数多い貸座敷業者への取り締まりを厳重にしたために、町民の一部から反感を買っていたと記している。特に、在郷軍人会員は「警察にソッポを向いた」のだという。

当時の巡査は、朝鮮人虐殺の際にも先頭に立って「あいつは、朝鮮人の偽巡査だ。あいつからやっちまえ」と叫んだのは、遊廓の「ギュウタロウ」(客引き)であったと証言しており、予審終結決定書では、この人物らが本庄署の襲撃の際に署長を裏口で待ち伏せるなどしていたとされる。

三つ目は、関東大震災時の自警団に対する署長の対応である。これが襲撃の直接的なきっかけとなったと思われる。青年団の支部長は、自警団として朝鮮人を本庄署に連行したところ、「司法権の侵害だ」と怒られたと証言している。

また、本庄署襲撃の当日、村磯署長に「一般大衆は手を出すな」と言われ、「今までたのむたのむといっておきながら、何事だ」となり、「署長を殺せ」「署長を出せ」となったと証言している（同前）。民衆の自警活動を否定し、警察権力を保とうとしたことが、民衆の怒りをかき立てる結果となった。

民衆暴力としての共通性

警察による日常生活の統制に対して、民衆が不満・反感を持ち、暴力が湧き上がった際に、警察に矛先を向けていく。この点で、本庄署の襲撃とその焼き打ち未遂は、第3章で見た日比谷焼き打ち事件における警察の焼き打ちと驚くほどよく似ている。軍隊の出動によってすぐさま解散した点でも共通する。

このことをどのように考えればよいのだろうか。日比谷焼き打ち事件が警察権力への対抗として評価されるならば、この本庄署の襲撃にも警察権力への対抗的な側面はある。しかし、この襲撃が朝鮮人虐殺と一体のものだと考えると、その側面だけを切り取って評価することはできない。

一方、第1章で見た新政反対一揆との共通点も浮かびあがる。新政反対一揆では、県庁や戸長などを襲撃する一揆のプロセスで、被差別部落を襲撃した。本庄署では、朝鮮人に対する差別意識に基づいて「天下晴れての人殺し」をするプロセスで、日常的に潜在していた警察への反感が噴き出して警察署を焼き打ちしようとした。

押収された自警団の凶器（『現代史資料』6より）

暴力をふるう過程で、日頃はかなわなかった、さまざまな対象への暴力行使が可能となることは、これまでに論じたとおりである。その可能性には、警察権力への対抗だけでなく、自らが差別する対象への徹底した攻撃になる場合もあった。

歴史を見る際に、権力に対抗する民衆と被差別者を迫害する民衆とは、別の民衆であるかのように分離したくなる。しかし、こうした事実は、そのように民衆像を二分させて歴史を捉えることには問題があるのだと教えてくれる。権力に反発する意識と他民族などを差別する意識は、一人の人間や社会集団のなかに矛盾なく存在し、ひとたび始まった暴力を契機に、両方が引き出されることがあり得るからだ。

保護に回った人びと

こうした視点は、関東大震災時の朝鮮人虐殺のなかで、保護に向かうか、虐殺に向かうかという分岐点を考えるうえでも重要である。

ごく少数ではあるが、朝鮮人を保護する側に回った日本人もいた。

本庄町でも、製糸工場で働く朝鮮人を狙って自警団が押し寄せた際に、工場主が「朝鮮人が前にはいたが、いまはいない」と言い張ったことで、三人の朝鮮人が救われたという（同前）。

また、群馬新聞の本庄支局長は、九月四日の襲撃の際に、体を張って自警団を止めようとしたという。

他地域の事例

地域が一体となって朝鮮人をかくまったケースもある。千葉県船橋の丸山は、その一つである。先述のとおり、船橋には海軍の無線送信所があり、習志野の収容所にもほど近かった。震災当時、丸山には二人の朝鮮人が住んでいた。北総鉄道の敷設工事に従事していた土木労働者と見られ、長く丸山に住んでいたという。

震災後、他地域の自警団が丸山の朝鮮人を殺しに来た。このとき、丸山の人びとは、この二人は悪いことをしていないとして、引き渡さなかった。三〇分ほどの押し問答のすえ、自警団は引き下がって帰って行ったという（『いわれなく殺された人びと』）。

戦後の聞き取り調査では、「小さな丸山で、どうして団結して、守ろうとなったのか不思議だ。小作も、地主も、といっても小地主だが、一緒に守った」と証言されている。調査を行った市民団体は、丸山の人びとが誰とでも、分け隔てなくつきあい、朝鮮人の二人とも親しく行き来していたため、信頼感が保護につながったと推測している（同前）。

また、南多摩郡の日野町・七生村も虐殺が起きなかった地域として注目されている。七生村は戒厳令が施行されていなかったことや、「江戸時代以来の比較的豊かな米作農村地帯」であったことが指摘されている（松尾章一『関東大震災と戒厳令』）。また神奈川県でも、義侠心で朝鮮人を保護した事例なども紹介されている（金原左門《きんばらさもん》「関東大震災と県民・県政」『神奈川県史』通史編5）。

保護か虐殺か

確かに、日常的な接触は、虐殺に加担しないための重要な条件だったと思われる。しかし、知り合いの朝鮮人を保護する一方で、見ず知らずの朝鮮人の虐殺には加わっているケースも多い。本庄では、当時の青年団員が次のように証言している。

その当時は、朝鮮人とは悪いことをした者だと頭から思い込んでいました。もっとも、この事件が起る前迄は、私の知っている朝鮮人とは、朝鮮飴屋でしたから、別に悪いという気はありませんでした。ただ朝鮮人は日本人より劣った人間だとは思って軽蔑する気がありましたから、「朝鮮人が悪いことをする」と云われれば、何の疑いもなく信じ込んでしまったのでしょう。（『かくされていた歴史』）

日常的に接触のあった朝鮮人を悪く思っていなかったにもかかわらず、日頃からの民族全体に対する蔑視がベースとなって、流言を疑えなかったと自己分析している。

南綾瀬村の事例でも、隣村から虐殺に加わり、瀕死の朝鮮人にとどめを刺そうと日本刀をふるった人物は、村に帰ると、知りあいの朝鮮人を「ここにいると危ないから」といって保護した（藤野『都市と暴動の民衆史』）。個人に対する親しみと、民族単位での蔑視・敵意とは、一人の人間のなかに矛盾なく共存しえた。

朝鮮人虐殺から見えてくるもの

関東大震災時には、暴力の正当性を独占していたはずの国家が、民衆にその正当性を委譲して「天下晴れての人殺し」の許される状態がつくり出された。この時、民衆からは朝鮮人に対する蔑視や敵意に加え、男らしさというジェンダー規範、国家に貢献することへの誇り、人を殺すことへの残虐な好奇心などが湧き上がった。殺害のあとには、復讐されることの不安に駆られ、虐殺はいっそう徹底的なものになった。

暴力という、日頃抑圧されている行動に一歩踏みだすと、人びとの「可能な幅」が急速に広がり、日常では明確に意識されていない願望や衝動が噴出する。

そうした願望や衝動は、自らの生活を脅かす権力への暴力行使となる時もあれば、被差別部落や朝鮮人への残虐行為となることもあった。本庄町では、朝鮮人を虐殺する過程で警察権力に怒りが向けられ、焼き打ちが試みられた。これも「可能な幅」の広がりの一事例である。

権力に対する民衆の暴力行使と被差別者に対するそれとは、これほどまでに一続きに起こり得た。両者を明確に区分できないことをこうして正面から受け止めるならば、民衆暴力の歴史から一体何を受け取ればよいのだろうか。これまで論じてきたことを振り返り、この問いについて改めて考えてみたい。

むすび

本書で見てきた四つの事件は、「はしがき」の冒頭で述べたような現在の日本社会のイメージとは確かにかけ離れている。しかし、それらは単に人びとが未熟だったから、もしくは貧困だったから起きた現象ではなかった。それぞれの時代の、国家の暴力や政治・社会の規範と関わって、暴力を行使する論理が生まれていた。

まずは、国家の暴力と民衆暴力との関係についてまとめよう。今では国家の暴力の正当性は自明視されているが、明治初年には、まだ正当性が確立していなかった。近代化政策に対する民衆の強烈な反発は、新政反対一揆という形で現れたが、それらを軍事力で弾圧したことにより、明治国家の正当性が踏み固められていったのである。その後の秩父事件では、すでに軍隊との対決が不可能であることを、首謀者は認識していた。

だが、国家による暴力の正当性の独占が進んでも、近代日本から民衆暴力が完全に払拭されたわけではなかった。むしろ近代のさなかに、新たな民衆暴力の種がつくり出されていた。日清・日露などの対外戦争が国家の暴力の正当性を強めたことは間違いないが、日露戦争が終わった際の厭戦ムードは、国家の暴力装置に対する疑いを投げかけた。

そればかりでなく、警察署・派出所を襲撃対象とした、大規模な都市暴動が生じたのである。

日露戦後の厭戦ムードに対して、政府は通俗道徳を前面に打ち出す地方改良運動を展開し、再び国民統合を図ろうとした。在郷軍人会を統合して、地域社会に国家の暴力を定着させてもいった。この時に整備された青年団や在郷軍人会が中心となって、関東大震災時の朝鮮人虐殺が起きる。このようにして、近代国家の成立は民衆暴力の種を新たに生み出し、それによって国家の暴力装置も形を変えていったのである。

こうして概観すると、関東大震災時の朝鮮人虐殺がいかに異例の事態であったかがわかるだろう。民衆暴力を否認するはずの国家が、自らの暴力の正当性を民衆に委譲し、朝鮮人への暴力を黙認したのである。その結果、凄惨な虐殺という事態となった。

もう一つ、四つの事件を掘り下げることで見えてきたのは、暴力をふるう民衆の論理である。世直し一揆から新政反対一揆、そして秩父事件にかけて、民衆暴力の根底には、眼前に広がる現実から脱出したいという、ユートピア的な世直しの願望があった。新政反対一揆の場合、その願望は、政治・社会の体制が大きく改変されることへの不安へと急転した。秩父事件では、デフレに困窮した農民らが自由党の世直しに期待する様子が見て取れる。それは、貧農の生活を破壊してまで富裕者が富を集積するようになった世の中に対する、憤怒の裏返しであったともいえる。

一方、近代の大都市で起きた日比谷焼き打ち事件には、そのような世直しの観念を見出すことはできない。大都市に住む若年男性に顕著だった、現状を脱したいと願う情念(「噴火熱」)は、飲む・打つ・買うといった刹那的な生活文化をつくり出し、それを基盤として大規模な暴動となった。秩父事件までとは、質的に異なる民衆暴力であったといえる。

そうした新たな暴力にも、通俗道徳が関わっている点が興味深い。幕末の世直し一揆は、通俗道徳では収まりきらない人びとのエネルギーの発露であったが、日比谷焼き打ち事件の場合は、通俗道徳が社会規範としていっそう浸透するなか、それでは社会上昇が見込めない男性労働者たちの遊蕩的な文化が基盤となっていた。

民衆暴力には、それぞれの時期における政治・社会の権力関係が凝縮されていた。そこに映し出されていたのは、国家―民衆という権力関係だけではなく、民衆内部の権力関係も如実に表れていた。

新政反対一揆のように、新政府の政策に対する民衆の反感のなかには、被差別部落の「解放」も含まれていた。百姓としての身分意識は、領主にお救いを求める力になる一方で、賤民身分とは異なる特権意識をもたらしていた。

国家の対外膨張にともない植民地化した朝鮮に対しては、特に三・一運動後、「不逞鮮人」というイメージが流布し、朝鮮人を危険視する認識が強まっていた。関東大震災時に国家から暴力の正当性を付与されると、朝鮮人に関わる流言が信じられ、容赦のない暴力がふるわれたのである。

本書から見えてきた以上の事柄をふまえると、民衆暴力の歴史から何を受け取ればよいのだろうか。

「暴力はいけない」という道徳的な規範だけで民衆暴力を頭から否定することは、そこに込められた権力関係や、抑圧をはね飛ばそうとする人びとの力を見逃すことになる。それだけでなく、抑圧された苦しい現状から一挙に解放されたいという強い願望と、差別する対象を徹底的に排除して痛めつけたいという欲望とが、民衆のなかに矛盾せず同居していたことも見逃しかねない。

権力への暴力と被差別者への暴力とは、どちらかだけを切り取って評価したり、批判したりすることが困難なほど、時に渾然一体となっていた。一度暴力が起きると、さまざまな感情や行為が連動して引き出されるためである。
したがって、過去の民衆暴力を簡単に否定することとも、権力への抵抗として称揚することとも、異なる態度が求められる。

本書が描き出したように、近代日本の進展において、新たな民衆暴力の要因が形を変えて再生産され、国家や社会の体制は常に暴力の問題を軸に再編成されてきた。その歴史が現在の日本とかけ離れていると感じられるなら、それはなぜなのか。現在の国家・社会の体制が暴力を不可視化しているからか。あるいは、国家の暴力が疑う余地のないほど強大化しているからか。現代の日本で暴力はどこに、どのように存在しているのだろうか。民衆暴力の歴史は、現在起きている事象を、これまでとは異なる角度から見直す手がかりになる。

過去の民衆暴力を見る視線を研ぎ澄ませれば、現在を見る眼も磨かれる。民衆暴力をネガティブに捉える機制を見抜き、暴力をふるう行為者に即した理解を試みること。そして、権力を乗り越えようとする民衆の力がどのように発揮され、同時にどのような存在を切り捨てていたのかをしっかりと見据えること。そのような視座から歴史を見ることで、私たちが現状を乗り越え、変えようとする際に、どこかに生じているかもしれない切断を意識的に見つけ出し、紡ぎなおし、編みなおす力が得られるように思う。

あとがき

歴史家は、未来を予測することが不得手である。前著『都市と暴動の民衆史』（有志舎、二〇一五年）のあとがきに、「次なる研究は、より自分に近い問題を正面から扱うことになるだろう。それこそが、研究の本格的なスタートになるはずだ」と記した。自らに関する予言すら当たらず、二冊目の単著も前著と重なるテーマになった。

前著は専門書であるがゆえに、限定的な時期にしぼって論を立てざるを得なかった。次の研究に移る前に、前著を書く際に念頭に置いていた、近代国家の出発からの流れを含めた民衆の暴力の歴史を少し長いスパンで書いてみることにした。二〇一七年秋のことである。

その決意を固めたきっかけは、前著の刊行以後、歴史修正主義が行政にまで入り込んでいることを痛感せざるを得なかったことが大きい。これまで学界で積み重ねられた議論を私より若い世代の人に向けて「書き継ぐ」ことで、こうした動きに抗いたくなった。

本書の企画をスタートさせる際に、三つの目標を立てた。大学生にも手に取ってもらえる本にすること。歴史の知識を増やすのではなく、歴史をとおして思考を深められる本にすること。オリンピックの前に刊行すること。三つ目の目標は予期せぬ形でクリアできたが、前者二つをクリアできたかどうかは、読者のご判断を仰ぎたい。

企画を思い描くことは容易でも、刊行までの道のりは予想以上に多難だった。

本書は多くの研究成果をもとにしている。私がしたことは、これまで個別に論じられてきた四つの事件を、一冊の本にまとめたにすぎない。専門的に研究してきたわけではない時代の、評価の難しい事象が含まれるため、何度となく筆が止まった。生半可な気持ちでは書き進められなかった。

非暴力の領域すら暴力の領域に押し込められる風潮が強いからこそ、歴史をとおして、暴力を見つめ、思考を鍛えることが必要だと思う。けれども、権力に向けた民衆の暴力だけを切り取ってつなぐ本にはしたくなかった。それではあまりに重要な歴史的事象をそぎ落としてしまうし、私の人生の経験ともかけ離れた歴史像になってしまう。

だからといって、さまざまな暴力を並べた結果、やはり民衆は怖い、暴力は怖いという印象を植え付けるだけの本にするわけにはいかなかった。

さまざまな思いが混濁する状況が長く続いたが、最後にようやく言いたいことに近い表現が見つかったように思う。本書をとおして、新たに見えてきた地平があれば幸いである。

しかし、逡巡の末に草稿ができあがったのは、新型コロナウイルスのために緊急事態宣言が出ている最中だった。大学図書館や国会図書館が休館となり、大学構内に入構することもおぼつかなかった。手に取れる文献が限られているなかで、入稿し、校正を進めるのは、恐怖ですらあった。オンライン授業が開始され、日常業務が再開されると、今度は机に向かう時間の確保が困難になった。

このような状況で刊行することが果たしてよいことなのか。事態が落ち着き、態勢が整ってから、改めて刊行するのが研究者として正しいあり方ではないか。毎日、毎時間のように、ブレーキをかけたい衝動にかられた。

一方で、置かれた環境が許すなら、できる限り出版を止めないことも、研究者としての一つの姿勢だと思われた。図書館が閉まっているなら、なおさら、読者の手に取りやすい本が一冊でも多くあったほうがよい。そうすることが、めぐりめぐって、学問を維持することにつながるのではないか。

どちらが妥当なのか、今も結論は出ないままだが、結果から見れば、私は後者を選び、アクセルを踏み続けたことになる。そのような芸当は、自らの意志だけでは、とうてい成し遂げられなかった。刊行に向けてご助力いただいた方々に、お礼申し上げたい。

岩城卓二（日本近世史）、宮本正明（日朝関係史）の両氏には、同じように多忙な状況にもかかわらず、原稿や校正ゲラに目を通していただき、貴重なご助言と励ましを頂戴した。

中央公論新社の藤吉亮平氏には、企画段階でお世話になった。藤吉氏のあとを継いで担当者となった上林達也氏には、「献身的」とも呼ぶべき懇切丁寧なサポートによって、怖じ気づく私の退路を見事に断っていただいた。自宅でのオンライン授業の休み時間に、最寄り駅で待ち合わせ、ゲラの受け渡しをするという経験は、そうあることではない。

予測のできなかった事態に見舞われながらも、関係各位のご尽力によって、本書を世に出すことができた。多くの方に手に取っていただければ幸いである。

二〇二〇年七月

藤野裕子

主要参考文献

はしがき

酒井隆史『暴力の哲学』河出書房新社、二〇一六年

序章

伊藤忠士『「ええじゃないか」と近世社会』校倉書房、一九九五年
岩田浩太郎『近世都市騒擾の研究』吉川弘文館、二〇〇四年
大橋幸泰『検証　島原天草一揆』吉川弘文館歴史文化ライブラリー、二〇〇八年
呉座勇一『一揆の原理』洋泉社、二〇一二年（ちくま学芸文庫、二〇一五年）
清水隆久校注・執筆『農業図絵』農山漁村文化協会、一九八三年（農山漁村文化協会、二〇〇三年〔増補版〕）
須田努『「悪党」の一九世紀』青木書店、二〇〇二年
須田努『幕末の世直し　万人の戦争状態』吉川弘文館歴史文化ライブラリー、二〇一〇年
田村貞雄『ええじゃないか始まる』青木書店、一九八七年
塚本学『生類をめぐる政治』平凡社、一九八三年（講談社学術文庫、二〇一三年）
西垣晴次『ええじゃないか』新人物往来社、一九七三年
深谷克己『百姓成立』塙書房、一九九三年
藤木久志『刀狩り』岩波新書、二〇〇五年
藤谷俊雄『「おかげまいり」と「ええじゃないか」』岩波新書、一九六八年
古川貞雄『村の遊び日』平凡社選書、一九八六年（農山漁村文化協会、二〇〇三年〔増補版〕）
保坂智『百姓一揆と義民の研究』吉川弘文館、二〇〇六年
保坂智『百姓一揆とその作法』吉川弘文館、二〇〇二年
安丸良夫『日本の近代化と民衆思想』青木書店、一九七四年（平凡社ライブラリー、一九九九年）
藪田貫『国訴と百姓一揆の研究』校倉書房、一九九二年（清文堂、二〇一六年）
若尾政希『百姓一揆』岩波新書、二〇一八年
マックス・ウェーバー、野口雅弘訳『仕事としての学問　仕事としての政治』講談社学術文庫、二〇一八年

第1章

石瀧豊美『筑前竹槍一揆研究ノート』花乱社、二〇一二年
今西一『近代日本の差別と性文化』雄山閣、一九九八年
今西一『近代日本の差別と村落』雄山閣出版、一九九三年
上杉聰・石滝豊美『筑前竹槍一揆論』海鳥社、一九八八年
上杉聰『明治維新と賤民廃止令』解放出版社、一九九〇年
上杉聰『よみがえる部落史』社会思想社、二〇〇〇年
上野利三『近代日本騒擾裁判史の研究』多賀出版、一九九八年
小木新造ほか校注『日本近代思想大系』23（風俗・性）、岩波書店、一九九〇年
大日方純夫『日本近代国家の成立と警察』校倉書房、一九九二年
加藤陽子『徴兵制と近代日本』吉川弘文館、一九九六年
黒川みどり『異化と同化の間』青木書店、一九九九年
後藤靖「士族叛乱と民衆騒擾」『岩波講座日本歴史』14、岩波書店、一九七五年
谷山正道「「解放令反対一揆」と新政反対一揆」『天理大学人権問題研究室紀要』一五、二〇一二年
趙景達『近代朝鮮の政治文化と民衆運動』有志舎、二〇二〇年
土屋喬雄・小野道雄編『明治初年農民騒擾録』南北書院、一九三一年（勁草書房、一九五三年〔再版〕）
友常勉「美作血税一揆と〈差別〉の語り」『現代思想』二七—二、一九九九年二月
長光徳和編『備前備中美作百姓一揆史料』全五巻、国書刊行会、一九七八年
原田伴彦・上杉聰編『近代部落史資料集成』1・2、三一書房、一九八五年
ひろた・まさき『文明開化と民衆意識』青木書店、一九八〇年
保坂智『百姓一揆と義民の研究』吉川弘文館、二〇〇六年
牧原憲夫『文明国をめざして』小学館、二〇〇八年
牧原憲夫『客分と国民のあいだ』吉川弘文館、一九九八年
松下芳男『暴動鎮圧史』柏書房、一九七七年
茂木陽一「明治六年北条県血税一揆の歴史的意義」『日本史研究』二三八、一九八二年六月
安丸良夫『日本の近代化と民衆思想』青木書店、一九七四年（平凡社ライブラリー、一九九九年）
安丸良夫『一揆・監獄・コスモロジー』朝日新聞社、一九九九年
安丸良夫・深谷克己校注『日本近代思想大系』21（民衆運動）、岩波書店、一九八九年
好並隆司編『明治初年解放令反対一揆の研究』明石書店、一九八七年

第2章
稲田雅洋『日本近代社会成立期の民衆運動』筑摩書房、一九九〇年
稲田雅洋『自由民権の文化史』筑摩書房、二〇〇〇年
井上幸治『秩父事件』中公新書、一九六八年
井上幸治ほか編『秩父事件史料集成』1、二玄社、一九八四年
色川大吉責任編集『三多摩自由民権史料集』下、大和書房、一九七九年
色川大吉『流転の民権家　村野常右衛門伝』大和書房、一九八〇年
色川大吉『困民党と自由党』揺籃社、一九八四年
エイコ・マルコ・シナワ、藤田美菜子訳『悪党・ヤクザ・ナショナリスト』朝日選書、二〇二〇年
困民党研究会編『民衆運動の〈近代〉』現代企画室、一九九四年
埼玉県編『さいたま女性の歩み』上、埼玉県、一九九三年
佐藤政憲「激化事件」江村栄一編『自由民権と明治憲法』吉川弘文館、一九九五年
鶴巻孝雄『近代化と伝統的民衆世界』東京大学出版会、一九九二年
中嶋久人「自由党と自衛隊」須田努ほか編『暴力の地平を超えて』青木書店、二〇〇四年
原田伴彦・上杉聰編『近代部落史資料集成』2、三一書房、一九八五年
牧原憲夫『客分と国民のあいだ』吉川弘文館、一九九八年
松沢裕作『自由民権運動』岩波新書、二〇一六年
松沢裕作『生きづらい明治社会』岩波ジュニア新書、二〇一八年
安丸良夫『文明化の経験』岩波書店、二〇〇七年
安丸良夫・深谷克己校注『日本近代思想大系』21（民衆運動）、岩波書店、一九八九年
好並隆司編『明治初年解放令反対一揆の研究』明石書店、一九八七年

第3章
有山輝雄『近代日本ジャーナリズムの構造』東京出版、一九九五年
岩田重則『ムラの若者・くにの若者』未来社、一九九六年
小川二郎『どん底社会』啓正社、一九一九年（『〈明治・大正〉下層社会探訪文献集成』八、本の友社、一九九八年）
奥武則『大衆新聞と国民国家』平凡社選書、二〇〇〇年
奥武則『露探』中央公論新社、二〇〇七年（中公文庫、二〇一一年〔『ロシアのスパイ』に改題〕）
大日方純夫『警察の社会史』岩波新書、一九九三年

岸本亜季「日露戦争期の都市における多衆行動の一背景」『史観』一七一、二〇一四年九月
櫻井良樹「日露戦時における民衆運動の一端」『日本歴史』四三六、一九八四年九月
佐々木啓「「産業戦士」の世界」『歴史評論』七三七、二〇一一年九月
佐波亘編『植村正久と其の時代』1、教文館、一九三七年（一九六六年復刻版）
信夫清三郎『大正デモクラシー史』第一巻、日本評論新社、一九五四年
白土秀次『ミナトのおやじ』藤木企業、一九七八年
高橋雄豺『明治三十八年の日比谷騒擾事件』令文社、一九六一年
筒井清忠『戦前日本のポピュリズム』中公新書、二〇一八年
東京市社会局編『自由労働者に関する調査』東京市社会局、一九二三年（近現代資料刊行会編『東京市社会局調査報告書』第六巻、一九九五年）
中筋直哉『群衆の居場所』新曜社、二〇〇五年
永嶺重敏『〈読書国民〉の誕生』日本エディタースクール出版部、二〇〇四年
成田龍一『大正デモクラシー』岩波新書、二〇〇七年
成田龍一「「国民」の跛行的形成」小森陽一・成田龍一編『日露戦争スタディーズ』紀伊國屋書店、二〇〇四年
能川泰治「日露戦時期の都市社会」『歴史評論』五五八、一九九六年一〇月
深海豊二『無産階級の生活百態』一九一九年（『〈明治・大正〉下層社会探訪文献集成』九、本の友社、一九九八年）
藤井忠俊『在郷軍人会』岩波書店、二〇〇九年
藤野裕子『都市と暴動の民衆史』有志舎、二〇一五年
松井茂『日比谷騒擾事件の顛末』松井茂先生自伝刊行会、一九五二年
松尾尊兊『大正デモクラシー』岩波書店、一九九四年
松沢弘陽『日本社会主義の思想』筑摩書房、一九七三年
松沢裕作『生きづらい明治社会』岩波ジュニア新書、二〇一八年
松原岩五郎『最暗黒の東京』民友社、一八九三年（岩波書店、一九八八年）
松本武裕『所謂日比谷焼打事件の研究』司法省刑事局、一九三九年（東洋文化社、一九七四年）
宮地正人『日露戦後政治史の研究』東京大学出版会、一九七三年
山本武利『近代日本の新聞読者層』法政大学出版局、一九八一年

第4章

『嗚呼九月五日』笠井作三発行、一九〇九年
『兇徒聚衆被告事件』全四冊

主要参考文献

伊藤泉美『横浜華僑社会の形成と発展』山川出版社、二〇一八年

今井清一『横浜の関東大震災』有隣堂、二〇〇七年

内海愛子ほか編『朝鮮人差別とことば』明石書店、一九八六年

大日方純夫『警察の社会史』岩波新書、一九九三年

愼蒼宇「植民地（征服／防衛）戦争の視点から見た朝鮮三・一独立運動」『大原社会問題研究所雑誌』七二八、二〇一九年六月

愼蒼宇「日本近代史の「不在」を問う」『歴史学研究』九八九、二〇一九年一〇月

関東大震災時に虐殺された朝鮮人の遺骨を発掘し追悼する会編『風よ鳳仙花の歌をはこべ』教育史料出版会、一九九二年

関東大震災五十周年朝鮮人犠牲者追悼行事実行委員会編『歴史の真実　関東大震災と朝鮮人虐殺』現代史出版会、一九七五年

関東大震災七〇周年記念行事実行委員会編『この歴史永遠に忘れず』日本経済評論社、一九九四年

関東大震災八〇周年記念行事実行委員会編『世界史としての関東大震災』日本経済評論社、二〇〇四年

関東大震災九〇周年記念行事実行委員会編『関東大震災記憶の継承』日本経済評論社、二〇一四年

姜徳相『関東大震災・虐殺の記憶』青丘文化社、二〇〇三年

姜徳相・琴秉洞編『現代史資料』6（関東大震災と朝鮮人）、みすず書房、一九六三年

金富子「関東大震災時の「レイピスト神話」と朝鮮人虐殺」『大原社会問題研究所雑誌』六六九、二〇一四年七月

館林市史編さん委員会編『館林市史』資料編5、館林市、二〇一四年

田中正敬・専修大学関東大震災史研究会編『地域に学ぶ関東大震災』日本経済評論社、二〇一二年

千葉県における関東大震災と朝鮮人犠牲者追悼・調査実行委員会編『いわれなく殺された人びと』青木書店、一九八三年

趙景達『植民地朝鮮と日本』岩波新書、二〇一三年

趙景達『朝鮮民衆運動の展開』岩波書店、二〇〇二年

趙景達『近代朝鮮の政治文化と民衆運動』有志舎、二〇二〇年

鄭栄桓「在日朝鮮人の形成と「関東大虐殺」」趙景達編『植民地朝鮮』東京堂出版、二〇一一年

東京市政調査会編『帝都復興秘録』宝文館、一九三〇年

外村大「日本における朝鮮人危険視の歴史的背景」『日本學』三二、二〇一一年五月

仁木ふみ子『震災下の中国人虐殺』青木書店、一九九三年

西崎雅夫『関東大震災朝鮮人虐殺の記録』現代書館、二〇一六年

日朝協会豊島支部編『民族の棘』日朝協会豊島支部、一九七三年
朴殷植、姜徳相訳注『朝鮮独立運動の血史』1・2、平凡社東洋文庫、一九七二年
樋口雄一「自警団設立と在日朝鮮人」『在日朝鮮人史研究』一四、一九八四年
松尾章一『関東大震災と戒厳令』吉川弘文館歴史文化ライブラリー、二〇〇三年
松尾尊兊『民本主義と帝国主義』みすず書房、一九九八年
山田昭次『関東大震災時の朝鮮人虐殺』創史社、二〇〇四年
吉河光貞『関東大震災の治安回顧』法務府特別審査局、一九四九年
吉田律人『軍隊の対内的機能と関東大震災』日本経済評論社、二〇一六年
『かくされていた歴史』関東大震災五十周年朝鮮人犠牲者調査・追悼事業実行委員会、一九七四年
『川崎市史』資料編3、川崎市、一九九〇年

第5章

大日方純夫『警察の社会史』岩波新書、一九九三年
近現代史研究所編『関東大震災と埼玉における朝鮮人』文化センター・アリラン、一九九四年
金原左門「関東大震災と県民・県政」神奈川県県民部県史編集室編『神奈川県史』通史編5、神奈川県、一九八二年
千葉県における関東大震災と朝鮮人犠牲者追悼・調査実行委員会編『いわれなく殺された人びと』青木書店、一九八三年
内務省社会局『大正震災志』上・下、一九二六年
樋口雄一「自警団設立と在日朝鮮人」『在日朝鮮人史研究』一四、一九八四年
藤野裕子『都市と暴動の民衆史』有志舎、二〇一五年
松尾章一『関東大震災と戒厳令』吉川弘文館歴史文化ライブラリー、二〇〇三年
山田昭次『関東大震災時の朝鮮人虐殺』創史社、二〇〇四年
横浜市史編纂係『横浜市震災誌』第五巻、横浜市史編纂係、一九二六年
「伊藤金次郎外九名殺人事件」『東京弁護士会・第二東京弁護士会合同図書館所蔵　刑事裁判記録マイクロフィルム』早稲田大学図書館所蔵
『かくされていた歴史』関東大震災五十周年朝鮮人犠牲者調査・追悼事業実行委員会、一九七四年

藤野裕子（ふじの・ゆうこ）

1976年生まれ．東京女子大学現代教養学部准教授．早稲田大学大学院文学研究科博士後期課程単位取得退学．博士（文学）．
著書『都市と暴動の民衆史』（有志舎，2015年，第42回藤田賞受賞）
共著『震災・核災害の時代と歴史学』（青木書店，2012年）
『歴史学のアクチュアリティ』（東京大学出版会，2013年）
『第4次現代歴史学の成果と課題（第1巻）』（績文堂出版，2017年）
『公正から問う近代日本史』（吉田書店，2019年）
など
共編『牧原憲夫著作選集（上・下）』（有志舎，2019年）

民衆暴力《みんしゅうぼうりょく》
——一揆《いっき》・暴動《ぼうどう》・虐殺《ぎゃくさつ》の日本近代《にほんきんだい》
中公新書 *2605*

2020年8月25日初版
2021年2月10日6版

著者 藤野裕子
発行者 松田陽三

本文印刷 三晃印刷
カバー印刷 大熊整美堂
製本 小泉製本

発行所 中央公論新社
〒100-8152
東京都千代田区大手町1-7-1
電話 販売 03-5299-1730
編集 03-5299-1830
URL http://www.chuko.co.jp/

Published by CHUOKORON-SHINSHA, INC.
Printed in Japan ISBN978-4-12-102605-7 C1221

中公新書刊行のことば

いまからちょうど五世紀まえ、グーテンベルクが近代印刷術を発明したとき、書物の大量生産は潜在的可能性を獲得し、いまからちょうど一世紀まえ、世界のおもな文明国で義務教育制度が採用されたとき、書物の大量需要の潜在性が形成された。この二つの潜在性がはげしく現実化したのが現代である。

いまや、書物によって視野を拡大し、変りゆく世界に豊かに対応しようとする強い要求を私たちは抑えることができない。この要求にこたえる義務を、今日の書物は背負っている。だが、その義務は、たんに専門的知識の通俗化をはかることによって果たされるものでもなく、通俗的好奇心にうったえて、いたずらに発行部数の巨大さを誇ることによって果たされるものでもない。現代を真摯に生きようとする読者に、真に知るに価いする知識だけを選びだして提供すること、これが中公新書の最大の目標である。

私たちは、知識として錯覚しているものによってしばしば動かされ、裏切られる。私たちは、作為によってあたえられた知識のうえに生きることがあまりに多く、ゆるぎない事実を通して思索することがあまりにすくない。中公新書が、その一貫した特色として自らに課すものは、この事実のみの持つ無条件の説得力を発揮させることである。現代にあらたな意味を投げかけるべく待機している過去の歴史的事実もまた、中公新書によって数多く発掘されるであろう。

中公新書は、現代を自らの眼で見つめようとする、逞しい知的な読者の活力となることを欲している。

一九六二年一一月

中公新書

日本史

d2

中公新書

日本史

d3

476 江戸時代 大石慎三郎
2552 藩とは何か 藤田達生
2565 大御所 徳川家康 三鬼清一郎
1227 保科正之《ほしなまさゆき》 中村彰彦
740 元禄御畳奉行の日記 神坂次郎
2531 火付盗賊改《ひつけとうぞくあらため》 高橋義夫
853 遊女の文化史 佐伯順子
2376 江戸の災害史 倉地克直
2584 椿井文書―日本最大級の偽文書 馬部隆弘
2380 ペリー来航 西川武臣
2047 オランダ風説書 松方冬子
1619 幕末の会津藩 星亮一
1958 幕末維新と佐賀藩 毛利敏彦
2497 公家たちの幕末維新 刑部芳則
1754 幕末歴史散歩 東京篇 一坂太郎

1811 幕末歴史散歩 京阪神篇 一坂太郎
2617 暗殺の幕末維新史 一坂太郎
1773 新選組 大石学
2040 鳥羽伏見の戦い 野口武彦
455 戊辰戦争 佐々木克
1235 奥羽越列藩同盟 星亮一
1728 会津落城 星亮一
2498 斗南《となみ》藩―「朝敵」会津藩士たちの苦難と再起 星亮一

日本史

現代史

- 2105 昭和天皇　古川隆久
- 2309 朝鮮王公族—帝国日本の準皇族　新城道彦
- 2482 日本統治下の朝鮮　木村光彦
- 632 海軍と日本　池田 清
- 2192 政友会と民政党　井上寿一
- 377 満州事変　臼井勝美
- 1138 キメラ—満洲国の肖像（増補版）　山室信一
- 2348 日本陸軍とモンゴル　楊 海英
- 2144 昭和陸軍の軌跡　川田 稔
- 2587 五・一五事件　小山俊樹
- 76 二・二六事件（増補改版）　高橋正衛
- 2059 外務省革新派　戸部良一
- 1951 広田弘毅　服部龍二
- 795 南京事件（増補版）　秦 郁彦
- 84 90 太平洋戦争（上下）　児島 襄
- 2465 日本軍兵士—アジア・太平洋戦争の現実　吉田 裕
- 2387 戦艦武蔵　一ノ瀬俊也
- 2525 硫《い》黄《おう》島《とう》　石原 俊
- 2337 特攻—戦争と日本人　栗原俊雄
- 244 248 東京裁判（上下）　児島 襄
- 2015 「大日本帝国」崩壊　加藤聖文
- 2296 日本占領史 1945-1952　福永文夫
- 2411 シベリア抑留　富田 武
- 2471 戦前日本のポピュリズム　筒井清忠
- 2171 治安維持法　中澤俊輔
- 1759 言論統制　佐藤卓己
- 828 清沢《きよさわ》洌《きよし》（増補版）　北岡伸一
- 1243 石橋湛山　増田 弘
- 2515 小泉信三—天皇の師として、自由主義者として　小川原正道